BESTACTIVITYBOOKS.COM

PRIMEIRA EDIÇÃO - 2022

Ilustración gráfica adicional: www.freepik.com
Graças a Alekksall, Starline, Pch.vector, Rawpixel.com, Vectorpocket, Dgim-studio, Upklyak, Macrovector, Stockgiu, Pikisuperstar & Freepik.com Designers

5 DICAS PARA COMEÇAR

1) CÓMO RESOLVER LAS SOPA DE LETRAS

Os puzzles têm um formato clássico:

- As palavras estão escondidas sem espaços ou hífenes,...
- Orientação: As palavras podem ser escritas para a frente, para trás, para cima, para baixo ou na diagonal (podem ser invertidas).
- As palavras podem sobrepor-se ou intersectar-se.

2) APRENDIZAGEM ACTIVA

Ao lado de cada palavra há um espaço para anotar a tradução. Para encorajar a aprendizagem activa, um **DICIONÁRIO** no final desta edição permitir-lhe-á verificar e expandir os seus conhecimentos. Procure e anote as traduções, encontre-as no puzzle e adicione-as ao seu vocabulário!

3) MARCAR AS PALAVRAS

Pode inventar o seu próprio sistema de marcação - talvez já use um? Pode também, por exemplo, marcar palavras difíceis de encontrar com uma cruz, palavras favoritas com uma estrela, palavras novas com um triângulo, palavras raras com um diamante, e assim por diante.

4) ESTRUTURANDO A APRENDIZAGEM

Esta edição oferece um **CADERNO DE NOTAS** prático no final do livro. Nas férias, em viagem ou em casa, pode facilmente organizar os seus novos conhecimentos sem a necessidade de um segundo caderno!

5) JÁ TERMINOU TODAS AS GRELHAS?

Nas últimas páginas deste livro, na secção **DESAFIO FINAL**, encontrará um jogo gratuito!

Rápido e fácil! Consulte a nossa colecção de livros de actividades para o seu próximo momento de diversão e **aprendizagem**, a apenas um clique de distância!

Encontre o seu próximo desafio em:

BestActivityBooks.com/MeuProximoLivro

Aos vossos lugares, preparem-se...Vão!

Sabia que existem cerca de 7.000 línguas diferentes no mundo? As palavras são preciosas.

Adoramos línguas e temos trabalhado arduamente para criar livros da mais alta qualidade para si. Os nossos ingredientes?

Uma selecção de tópicos adequados à aprendizagem, três boas porções de entretenimento, e depois acrescentamos uma colherada de palavras difíceis e uma pitada de palavras raras. Servimo-los com amor e máximo divertimento, para que possa resolver os melhores jogos de palavras e se divirta a aprender!

A sua opinião é essencial. Pode participar activamente no sucesso deste livro, deixando-nos um comentário. Gostaríamos de saber o que mais lhe agradou nesta edição.

Aqui está um link rápido para a sua página de encomendas:

BestBooksActivity.com/Avaliacoes50

Obrigado pela vossa ajuda e divirtam-se!

A Equipa Inteira

1 - Dirigindo

V	J	Z	O	I	B	R	C	J	A	R	R	U	T
A	I	S	S	N	E	S	I	L	Q	J	T	L	K
R	C	P	U	M	N	K	A	A	S	U	U	I	A
O	H	G	Y	M	K	E	V	R	M	A	N	I	R
I	P	A	R	A	A	V	T	P	N	F	N	K	T
T	O	M	H	V	T	V	F	T	S	B	E	E	T
U	L	S	D	H	U	L	C	P	O	W	L	N	A
S	I	R	O	T	T	O	O	M	T	M	I	N	Y
I	I	Z	S	U	T	E	J	L	U	K	U	E	Z
V	S	S	U	U	S	I	L	L	A	V	R	U	T
E	I	L	L	A	T	O	T	U	A	T	I	E	S
M	O	O	T	T	O	R	I	P	Y	Ö	R	Ä	I
A	S	P	O	L	T	T	O	A	I	N	E	C	D
J	A	L	A	N	K	U	L	K	I	J	A	J	J

ONNETTOMUUS
AUTO
POLTTOAINE
VAROITUS
TIE
JARRUT
AUTOTALLI
KAASU
LISENSSI
KARTTA
MOOTTORIPYÖRÄ
MOOTTORI
JALANKULKIJA
VAARA
POLIISI
KATU
TURVALLISUUS
KULJETUS
LIIKENNE
TUNNELI

2 - Antiguidades

V	D	H	I	N	T	A	D	W	B	K	T	G	A
V	E	D	I	A	T	I	E	Y	V	J	Y	A	R
U	T	I	L	Y	Y	T	H	P	O	K	Y	L	V
O	S	L	S	A	R	F	U	E	R	Ä	L	L	O
S	I	A	E	T	Q	S	U	S	B	W	I	E	A
I	R	A	F	O	O	A	T	M	Q	G	K	R	A
S	O	T	H	K	O	S	O	L	T	N	Ä	I	H
A	K	U	R	I	L	J	K	U	M	F	S	A	K
T	A	S	K	L	U	L	A	K	E	N	O	U	H
A	G	A	G	O	Z	S	U	T	I	O	J	I	S
O	N	G	I	K	B	C	P	V	A	N	H	A	L
H	F	S	I	T	L	C	P	M	O	V	F	F	D
T	N	S	Q	C	O	L	A	G	K	Y	K	D	H
E	P	Ä	T	A	V	A	L	L	I	N	E	N	R

TAIDE
AITO
KORISTE
TYYLIKÄS
VEISTOS
TYYLI
GALLERIA
EPÄTAVALLINEN
SIJOITUS
ERÄ
HUUTOKAUPPA
HUONEKALU
KOLIKOT
HINTA
LAATU
VUOSISATA
ARVO
VANHA

3 - Churrascos

S	L	A	P	S	E	T	I	L	E	P	P	Q	E
R	U	D	A	K	W	H	Y	O	Q	Q	I	K	B
V	W	O	M	G	A	Q	T	D	T	H	P	A	P
L	K	I	L	H	Ä	S	E	K	S	Q	P	N	H
O	U	K	A	A	I	L	T	P	O	P	U	A	E
U	T	K	Y	R	P	P	Q	I	B	R	R	V	D
N	S	I	D	D	B	E	H	L	K	S	I	E	E
A	U	I	T	E	B	R	W	L	F	E	S	I	L
S	I	S	Z	A	P	H	V	I	C	N	L	T	M
Z	Y	U	V	Y	A	E	D	R	W	N	B	S	Ä
T	J	M	I	E	Q	M	Y	G	C	A	G	E	K
A	K	U	U	M	A	Q	O	G	J	H	A	T	L
S	A	L	A	A	T	I	T	T	P	I	W	G	Ä
I	L	L	A	L	L	I	N	E	N	V	C	S	N

LOUNAS
KUTSU
LAPSET
VEITSET
PERHE
NÄLKÄ
KANA
HEDELMÄ
GRILLI
ILLALLINEN
PELIT
VIHANNES
KASTIKE
MUSIIKKI
PIPPURI
KUUMA
SUOLA
SALAATIT
TOMAATIT
KESÄ

4 - Pesca

S	D	V	T	S	Q	K	J	A	U	R	F	Z	O
A	Q	E	Q	Y	I	C	P	B	E	C	A	O	R
K	D	N	E	Ö	A	G	S	Y	O	D	F	M	M
U	O	E	V	T	M	L	R	A	N	T	A	A	K
E	W	K	C	T	E	E	T	T	I	A	L	M	O
L	L	F	K	I	V	R	Ä	J	K	O	R	I	U
O	A	A	E	I	R	E	M	A	T	L	A	V	K
V	E	S	I	Z	Z	S	P	Z	B	Ä	B	N	K
G	J	E	L	L	E	N	E	A	P	V	V	C	U
P	S	K	A	U	S	I	M	S	I	Y	W	E	E
I	I	W	J	V	Q	Y	O	J	N	N	I	U	C
T	Å	L	M	O	D	I	G	H	E	T	O	E	V
O	V	E	R	D	R	I	V	E	L	S	E	A	F
R	U	M	N	J	O	K	I	Q	O	Q	F	Q	J

VESI
EVÄT
VENE
GJELLENE
KORI
KOKKI
LAITTEET
OVERDRIVELSE
KOUKKU
SYÖTTI
JÄRVI
LEUKA
VALTAMERI
TÅLMODIGHET
PAINO
RANTA
JOKI
KAUSI

5 - Geologia

L	V	Q	O	V	Y	Ö	H	Y	K	E	S	V	F
Y	A	H	A	P	P	O	M	K	O	D	T	O	O
C	U	V	G	G	W	L	I	V	I	K	A	L	S
I	L	L	A	R	O	K	N	N	S	N	L	C	S
S	U	O	L	A	K	L	E	H	O	A	A	A	I
A	H	P	D	D	N	F	R	D	O	B	C	N	I
C	Z	H	S	M	A	G	A	W	R	S	T	O	L
M	A	A	N	O	S	A	A	L	E	O	I	Z	I
C	R	Y	S	T	A	L	L	U	N	R	T	T	O
R	V	I	C	H	T	L	I	O	C	R	E	Y	E
K	A	L	S	I	U	M	S	L	E	E	H	D	G
I	B	H	K	I	S	T	R	A	V	K	C	B	N
M	A	A	N	J	Ä	R	I	S	T	Y	S	P	Z
M	J	S	T	A	L	A	G	M	I	I	T	I	T

HAPPO
KERROS
LUOLA
KALSIUM
MAANOSA
KORALLI
CRYSTAL
EROOSIO
STALACTITE
STALAGMIITIT
FOSSIILI
LAVA
MINERAALI
KIVI
TASANKO
KVARTSI
SUOLA
MAANJÄRISTYS
VOLCANO
VYÖHYKE

6 - Tempo

T	V	T	U	L	E	V	A	I	S	U	U	S	D
U	D	U	Y	N	N	P	W	A	A	M	U	V	I
N	G	H	O	K	K	I	I	V	D	I	E	T	O
N	H	S	I	S	U	A	K	U	U	K	E	B	V
I	K	T	E	H	I	R	E	T	N	E	L	A	K
N	E	I	E	F	S	N	M	J	Ä	R	K	Q	C
J	E	V	N	D	M	H	D	S	Ä	I	E	V	Z
K	S	S	N	U	P	S	V	P	N	F	L	F	N
W	Z	Z	E	Y	F	G	I	H	Ä	Z	L	U	Y
T	N	O	N	T	Y	I	I	I	T	I	O	F	T
G	U	Y	Z	K	Ö	Z	M	Q	G	P	V	L	T
S	P	W	J	L	T	N	E	L	I	E	H	Ä	T
M	I	N	U	U	T	T	I	K	Q	Y	Y	K	R
V	U	O	S	I	K	Y	M	M	E	N	B	M	S

NYT
VUOSI
ENNEN
KALENTERI
VUOSIKYMMEN
PÄIVÄ
TULEVAISUUS
TÄNÄÄN
TUNNIN

AAMU
KUUKAUSI
MINUUTTI
HETKI
YÖ
EILEN
VIIME
KELLO
VIIKKO

7 - Astronomia

P	A	I	N	O	V	O	I	M	A	F	A	P	F
Q	H	A	B	I	D	I	O	R	E	T	S	A	Q
U	O	F	R	A	K	E	T	T	I	S	T	E	U
P	L	A	N	E	E	T	T	A	N	Ä	R	J	J
V	M	Q	C	Q	G	T	I	T	W	T	O	E	L
T	Ä	H	D	I	S	T	Ö	M	M	E	N	V	S
K	U	U	K	S	B	Y	P	L	I	I	A	N	U
O	Y	K	O	K	T	F	N	E	R	L	U	D	P
V	K	Q	S	A	K	D	K	N	O	Y	T	Ø	E
M	K	A	M	L	M	A	A	B	E	U	T	G	R
A	S	Z	O	A	M	Y	V	M	T	M	I	N	N
Q	B	A	S	G	B	T	O	I	E	U	I	U	O
N	A	U	R	I	N	K	O	G	M	S	V	P	V
T	A	I	V	A	S	D	D	A	M	T	O	U	A

ASTEROIDI
ASTRONAUTTI
TAIVAS
TÄHDISTÖ
KOSMOS
PIMENNYS
JEVNDØGN
RAKETTI
GALAKSI
PAINOVOIMA
KUU
METEORI
SUMU
PLANEETTA
SÄTEILY
AURINKO
SUPERNOVA
MAA

8 - Circo

T	A	I	K	A	D	P	B	O	I	W	C	V	A
I	U	H	Y	T	I	T	A	A	R	A	P	I	K
M	Z	W	Z	T	T	E	L	H	U	N	J	I	R
T	U	G	H	L	H	M	L	S	K	I	O	H	O
E	L	S	P	E	W	I	O	R	I	P	N	D	B
M	J	W	I	T	B	Ä	N	T	A	A	G	Y	A
P	U	A	N	I	R	L	G	I	T	V	L	T	T
P	P	K	C	F	K	E	E	I	K	D	Ö	T	P
U	G	L	D	P	F	K	R	K	V	T	Ö	Ä	G
D	G	I	P	O	K	H	I	E	N	S	R	Ä	Q
H	K	P	R	U	I	N	U	R	Z	O	I	E	A
L	I	P	P	U	K	N	U	I	L	U	R	A	P
U	G	G	Q	F	Q	U	I	Q	F	U	T	S	P
L	E	I	J	O	N	A	J	O	S	T	A	K	U

AKROBAT
ELÄIMET
BALLONGER
LIPPU
PARAATI
NORSU
VIIHDYTTÄÄ
KATSOJA
LEIJONA
APINA
TAIKA
JONGLÖÖRI
TAIKURI
MUSIIKKI
TELTTA
TIIKERI
PUKU
TEMPPU

9 - Acampamento

T	W	T	L	K	N	O	W	D	H	O	Ä	V	R
K	U	U	A	O	Q	K	P	K	Ö	Y	S	I	I
V	T	E	I	M	G	A	H	U	M	H	T	V	I
U	T	E	T	P	J	R	T	Y	U	J	E	R	P
O	A	L	T	A	O	T	N	O	U	L	M	Ä	P
R	H	Ä	E	S	M	T	P	T	U	L	G	J	U
I	C	I	E	S	E	A	T	H	R	R	S	J	M
C	J	M	T	I	T	T	O	O	N	A	K	H	A
J	F	E	M	V	S	R	O	D	A	E	S	B	T
A	Z	T	L	Q	Ä	I	Q	B	E	G	T	P	T
M	Ö	K	K	I	S	R	T	E	L	T	T	A	O
F	F	T	U	K	T	O	P	A	A	T	N	A	W
I	N	L	W	M	Y	N	V	T	P	J	D	S	C
B	L	B	N	T	S	L	O	M	I	R	G	L	O

ELÄIMET
PUU
KOMPASSI
MÖKKI
METSÄSTYS
KANOOTTI
HATTU
KÖYSI
LAITTEET
METSÄ
ANTAA POTKUT
JÄRVI
KUU
RIIPPUMATTO
KARTTA
VUORI
LUONTO
TELTTA

10 - Emoções

G	F	L	K	P	S	U	U	T	U	T	T	A	A
H	E	V	N	E	N	I	L	L	A	H	U	A	R
M	E	T	Z	L	C	I	I	T	H	I	C	S	T
A	Y	L	T	K	U	M	G	U	U	N	R	I	Y
Z	G	Ö	L	O	T	N	E	R	A	N	A	S	Y
Z	Q	V	T	Y	F	L	P	R	R	O	K	Ä	T
A	G	C	T	Ä	Y	I	O	F	V	I	K	L	Y
Y	U	F	A	D	T	S	J	I	V	S	A	T	V
E	J	T	R	K	P	U	I	L	O	S	U	Ö	Ä
B	F	Q	U	V	G	B	N	Q	V	A	S	E	I
J	O	S	J	U	N	L	S	T	T	A	O	T	N
W	E	D	G	B	S	W	U	D	O	N	B	J	E
I	K	Ä	V	Y	S	T	Y	M	I	N	E	N	N
V	Y	S	T	Ä	V	Ä	L	L	I	S	Y	Y	S

ILO
RAKKAUS
INNOISSAAN
AUTUUS
YSTÄVÄLLISYYS
RAUHALLINEN
SISÄLTÖ
PELKO
RAUHA
SUUTUTTAA
RENTO
TYYTYVÄINEN
MYÖTÄTUNTO
HELLYYS
IKÄVYSTYMINEN

11 - Ficção Científica

P	L	A	N	E	E	T	T	A	R	T	K	G	N
M	D	T	U	T	O	P	I	A	Ä	N	A	C	S
R	A	G	A	L	A	K	S	I	J	E	U	S	G
O	V	A	S	J	Q	A	H	S	Ä	N	K	K	Y
B	U	U	I	B	R	U	Z	L	H	I	A	E	I
O	K	C	O	L	P	I	U	O	D	T	I	N	L
T	O	T	R	N	M	O	K	L	Y	S	N	A	L
T	L	E	F	N	U	A	G	O	S	I	E	A	U
I	E	D	Y	S	T	O	P	I	A	L	N	R	U
T	U	K	T	O	P	A	A	T	N	A	G	I	S
F	U	T	U	R	I	S	T	I	N	E	N	O	I
E	L	N	E	N	I	Ä	M	M	I	R	Ä	Ä	O
Z	T	E	K	N	O	L	O	G	I	A	J	L	W
F	A	N	T	A	S	T	I	N	E	N	B	I	K

SKENAARIO
ELOKUVA
KAUKAINEN
DYSTOPIA
RÄJÄHDYS
ÄÄRIMMÄINEN
FANTASTINEN
ANTAA POTKUT
FUTURISTINEN
GALAKSI
ILLUUSIO
KIRJAT
MAAILMA
PLANEETTA
REALISTINEN
ROBOTTI
TEKNOLOGIA
UTOPIA

12 - Mitologia

V	H	O	S	M	N	E	N	I	M	O	U	L	D
R	A	T	I	R	A	K	N	A	S	G	B	A	Y
U	M	H	N	E	N	I	G	A	A	M	N	B	H
S	A	F	V	N	V	J	U	G	D	C	E	Y	K
K	L	M	H	U	U	K	K	O	N	E	N	R	K
O	A	B	E	I	U	J	W	T	E	P	I	I	A
M	S	F	O	G	R	S	G	S	G	Y	A	N	T
U	U	M	H	L	H	V	Q	O	E	T	V	T	A
K	E	S	J	N	E	G	I	K	L	E	E	T	S
S	T	W	B	B	M	N	P	Ö	B	K	L	I	T
E	A	T	Y	I	R	U	T	O	S	R	O	A	R
T	K	K	I	I	O	E	P	O	S	A	U	B	O
K	U	L	T	T	U	U	R	I	D	N	K	R	F
T	A	I	V	A	S	S	A	N	K	A	R	I	I

ARKETYPE
TAIVAS
KATEUS
USKOMUKSET
LUOMINEN
OLENTO
KULTTUURI
KATASTROFI
VAHVUUS
SOTURI
SANKARITAR
SANKARI
LABYRINTTI
LEGENDA
MAAGINEN
HIRVIÖ
KUOLEVAINEN
SALAMA
UKKONEN
KOSTO

13 - Medições

Q	K	M	T	V	M	K	C	P	M	R	K	Z	E
W	O	A	O	Q	A	I	N	W	I	S	S	N	U
I	R	S	N	S	M	L	R	N	H	T	V	H	Q
V	K	S	N	B	M	O	F	M	F	S	U	M	R
H	E	A	I	G	A	M	U	U	T	E	K	U	J
P	U	V	A	T	R	E	N	A	K	N	I	D	S
A	S	M	R	A	G	T	N	S	M	T	L	E	F
I	Y	N	I	I	W	R	Q	T	I	T	O	S	H
N	Y	W	A	N	L	I	S	E	T	I	G	I	Z
O	V	W	H	F	U	I	T	F	T	M	R	M	D
V	Y	R	D	P	M	U	P	P	A	E	A	A	Z
C	S	L	I	T	R	A	T	O	R	T	M	A	O
L	E	V	E	Y	S	B	B	T	I	R	M	L	V
T	I	L	A	V	U	U	S	Z	I	I	A	I	G

KORKEUS
TAVU
SENTTIMETRI
PITUUS
DESIMAALI
GRAMMA
ASTE
LEVEYS
LITRA
MASSA

MITTARI
MINUUTTI
UNSSI
PAINO
TUUMA
SYVYYS
KILOGRAMMA
KILOMETRI
TONNI
TILAVUUS

14 - Álgebra

J	T	N	K	Z	H	I	N	B	L	E	C	M	S
E	A	E	U	B	A	D	O	P	I	K	B	Ä	U
Z	K	K	K	M	A	T	L	A	N	S	A	Ä	M
H	A	E	O	I	E	G	L	R	E	P	M	R	M
W	A	A	L	V	J	R	A	E	A	O	U	Ä	A
K	V	G	I	S	D	Ä	O	N	A	N	U	G	A
F	A	M	L	E	G	N	O	T	R	E	T	Ä	A
K	A	A	V	I	O	K	N	E	I	N	T	Ä	V
L	R	S	J	A	J	M	D	S	N	T	U	R	Ä
W	M	A	T	R	I	I	S	I	E	T	J	E	Ä
Y	H	T	Ä	L	Ö	T	J	G	N	I	A	T	R
C	J	S	T	U	S	I	A	K	T	A	R	Ö	Ä
L	L	R	S	Y	N	N	E	H	Ä	V	C	N	B
C	H	Z	S	P	Q	A	V	O	L	E	S	E	Y

KAAVIO
JAKO
YHTÄLÖ
EKSPONENTTI
VÄÄRÄ
TEKIJÄ
KAAVA
JAE
ÄÄRETÖN
LINEAARINEN

MATRIISI
NUMERO
PARENTES
ONGELMA
MÄÄRÄ
RATKAISU
SUMMA
VÄHENNYS
MUUTTUJA
NOLLA

15 - Plantas

K	T	E	R	Ä	L	E	H	T	I	R	U	U	J
P	A	K	K	U	K	R	U	O	H	O	E	U	Z
K	Ä	S	T	E	M	K	A	K	T	U	S	B	Z
G	A	D	V	W	R	K	V	B	F	I	P	M	E
U	S	S	J	I	T	T	R	Y	E	D	D	A	D
P	B	W	V	T	S	Z	Q	S	R	I	B	V	P
U	A	A	C	I	T	T	L	E	H	T	I	E	N
S	M	Y	F	T	T	L	O	C	T	S	T	M	I
K	B	S	P	P	A	I	W	M	D	A	P	U	N
A	U	A	R	J	J	J	E	L	H	M	U	R	J
P	U	U	T	A	R	H	A	D	W	M	U	A	D
T	G	A	V	G	A	U	Q	L	E	A	S	T	I
R	L	U	W	U	M	K	Y	H	N	L	H	T	D
L	A	N	N	O	I	T	E	W	J	B	P	I	J

PUSKA
PUU
MARJA
BAMBU
KASVITIEDE
KAKTUS
YRTTI
PAPU
LANNOITE
KUKKA
KASVISTO
METSÄ
LEHTIEN
RUOHO
MURATTI
PUUTARHA
SAMMAL
TERÄLEHTI
JUURI

16 - Veículos

A	F	M	F	I	S	S	U	B	T	F	P	K	S
V	U	I	S	S	N	A	L	U	B	M	A	U	U
A	V	T	N	K	U	Y	R	L	A	K	M	K	K
R	E	T	O	A	L	B	J	E	A	O	G	A	K
E	N	E	H	T	N	N	E	Y	N	U	K	J	U
B	E	K	M	E	T	R	O	K	Z	K	T	I	L
I	U	A	M	O	O	T	T	O	R	I	A	T	A
L	I	R	E	T	P	O	K	I	L	E	H	A	A
S	U	K	E	L	L	U	S	V	E	N	E	T	T
S	C	O	O	T	E	R	E	E	H	P	M	A	V
T	R	A	K	T	O	R	I	L	P	L	D	E	K
L	E	N	T	O	K	O	N	E	D	Z	V	M	Y
P	B	B	U	S	J	S	N	M	D	Q	H	W	N
P	O	L	K	U	P	Y	Ö	R	Ä	S	L	P	F

AMBULANSSI
LENTOKONE
LAUTTA
VENE
POLKUPYÖRÄ
KUKA
AUTO
RAKETTI
VAREBIL
HELIKOPTERI
SCOOTER
METRO
MOOTTORI
BUSSI
RENKAAT
SUKELLUSVENE
TAKSI
SUKKULA
TRAKTORI

17 - Engenharia

M	B	N	E	N	I	M	E	K	S	A	L	I	P
E	I	U	K	P	B	D	L	G	U	U	J	W	I
P	R	T	N	E	S	T	E	V	A	M	L	U	K
N	O	P	T	Q	V	M	S	A	K	S	E	L	I
M	T	R	W	A	R	I	E	J	A	K	E	L	U
I	T	O	T	J	U	C	I	N	V	U	J	V	D
T	O	P	P	I	V	S	D	E	N	O	K	E	T
A	O	U	M	S	D	A	I	G	R	E	N	E	R
T	M	L	U	I	I	Y	H	K	L	W	K	C	F
M	A	S	V	A	S	Y	Y	V	Y	S	K	A	M
T	V	I	Z	K	O	N	T	P	U	G	Q	K	R
P	N	O	Q	L	V	B	O	R	Z	U	L	T	Y
A	U	Y	E	A	K	A	A	V	I	O	S	I	V
L	Z	A	Y	H	U	Q	B	B	A	D	V	K	A

KITKA
KULMA
LASKEMINEN
KAAVIO
HALKAISIJA
DIESEL
MITAT
JAKELU
AKSELI
ENERGIA
VAKAUS
RAKENNE
VAHVUUS
NESTE
KONE
MITTAUS
MOOTTORI
SYVYYS
PROPULSIO

18 - Restaurante # 2

B	L	N	V	S	C	T	O	P	L	H	T	J	V
T	F	E	P	R	U	U	R	E	U	Q	A	P	I
G	S	N	H	K	K	O	G	P	S	W	R	J	H
L	A	I	A	M	K	L	D	L	I	Q	J	U	A
W	L	L	L	L	A	I	H	Q	K	D	O	O	N
R	A	L	O	L	K	U	S	K	K	G	I	M	N
N	A	U	U	Q	A	U	S	E	A	G	L	A	E
U	T	K	S	H	U	L	P	T	K	P	I	K	S
U	T	R	B	Q	L	E	L	A	E	E	J	K	J
D	I	E	V	E	S	I	D	I	L	E	A	U	Y
E	P	H	S	U	P	P	E	T	N	A	T	R	K
L	S	H	E	D	E	L	M	Ä	Ä	E	G	A	A
I	L	O	U	N	A	S	P	V	Ä	U	N	A	L
T	W	B	H	I	G	Q	Z	P	J	G	B	H	A

LOUNAS
ALKUPALA
VESI
JUOMA
KAKKU
TUOLI
LUSIKKA
HERKULLINEN
MAUSTEET
HEDELMÄ
TARJOILIJA
HAARUKKA
JÄÄN
ILLALLINEN
VIHANNES
NUUDELIT
KALA
SUOLA
SALAATTI
SUPPE

19 - Países #2

V	F	I	M	A	E	A	I	R	E	G	I	N	V
F	L	O	Y	C	N	T	P	R	U	B	Z	Y	E
H	F	Y	N	O	N	A	B	I	L	B	N	A	N
S	R	K	J	P	N	N	J	V	A	A	W	J	Ä
H	A	I	T	I	A	S	L	W	P	M	N	C	J
R	A	N	S	K	A	K	A	C	E	L	L	T	Ä
K	M	O	A	E	H	A	A	L	N	S	A	S	I
P	A	K	I	S	T	A	N	P	B	H	P	O	L
S	I	I	L	C	A	K	I	A	M	A	J	F	S
O	R	S	A	R	G	U	A	L	Y	J	N	S	V
E	Y	K	M	A	A	G	R	P	I	T	J	I	B
R	Y	E	O	E	C	A	K	K	I	E	R	K	A
P	S	M	S	H	D	L	U	U	G	A	N	D	A
Q	Z	O	J	A	P	A	N	I	A	T	L	P	A

ALBANIA
TANSKA
RANSKA
KREIKKA
HAITI
IRLANTI
JAMAIKA
JAPANI
LAOS
LIBANON
MEKSIKO
NEPAL
NIGERIA
PAKISTAN
VENÄJÄ
SYYRIA
SOMALIA
UKRAINA
UGANDA

20 - Cozinha

S	Z	W	P	W	N	D	G	U	G	L	F	R	S
Y	Y	Z	F	U	N	N	A	K	A	U	L	E	Y
S	C	Ö	M	M	R	M	D	N	F	S	F	S	Ö
L	I	T	M	R	E	K	W	J	L	I	E	E	D
A	J	E	Y	Ä	J	A	K	N	E	K	S	P	Ä
U	Ä	E	N	T	P	H	W	I	R	A	I	T	P
T	Ä	T	K	I	N	U	U	G	G	T	L	I	A
A	K	S	U	L	O	A	I	A	N	U	I	V	K
S	A	U	P	L	H	K	H	K	I	L	I	E	A
L	A	A	I	I	L	N	M	T	O	C	N	I	S
I	P	M	T	R	U	G	R	G	Y	T	A	T	T
I	P	Z	Z	G	K	A	T	T	I	L	A	S	I
N	I	L	W	Q	W	P	G	F	G	Z	W	E	N
A	I	C	P	L	G	H	V	G	H	U	W	T	L

ESILIINA
KATTILA
LUSIKAT
SYÖDÄ
KAUHA
KUPIT
MAUSTEET
SIENI
VEITSET
UUNI
PAKASTIN
GAFLER
JÄÄKAAPPI
GRILLI
LAUTASLIINA
PURKKI
KANNU
SYÖMÄPUIKOT
RESEPTI
KULHO

21 - Material de Arte

D	Y	A	U	T	Y	W	U	F	H	B	P	B	O
L	I	I	M	A	C	O	D	T	N	Q	M	C	M
Y	V	U	J	W	H	A	R	J	A	T	F	D	A
M	A	I	K	D	U	I	R	E	P	A	P	T	A
I	S	E	V	Ä	R	I	L	M	K	K	A	P	L
I	U	N	I	K	I	M	R	Y	C	V	L	Ö	A
M	U	S	T	E	A	Ö	L	J	Y	A	Q	Y	U
U	T	U	O	L	I	M	W	A	I	R	M	T	S
K	U	U	W	K	O	K	E	G	R	E	K	Ä	T
E	Q	V	U	B	Y	O	J	R	N	L	V	A	E
H	D	O	C	O	Y	N	D	W	A	L	J	F	L
Y	I	U	J	I	Z	Q	Ä	F	R	I	T	J	I
Y	Q	L	M	A	A	L	I	T	U	T	U	T	N
P	R	E	H	C	Y	H	E	U	J	I	C	Z	E

AKRYYLI
PYYHEKUMI
AKVARELLIT
SAVI
VESI
TUOLI
MAALAUSTELINE
KAMERA
LIIMA
VÄRI
LUOVUUS
HARJAT
KYNÄ
PÖYTÄ
ÖLJY
PAPERI
MUSTE
MAALIT

22 - Números

M	A	T	E	M	A	T	I	I	K	K	A	F	S
A	T	S	I	O	T	I	S	U	U	K	Y	W	E
Y	I	I	Z	F	S	I	K	K	U	U	S	I	I
K	L	W	Z	Q	I	E	A	N	W	J	B	V	T
K	A	N	Y	Q	O	Z	K	Ä	E	T	G	S	S
Y	A	H	Y	H	T	F	V	S	M	L	S	U	E
M	M	H	D	P	I	K	I	K	L	H	J	O	M
M	I	O	L	E	S	V	I	E	O	F	M	Ä	Ä
E	S	O	V	C	K	I	S	D	K	T	L	Y	N
N	E	G	I	O	A	S	I	H	N	O	L	L	A
E	D	U	D	N	K	K	A	Y	P	P	J	Y	F
N	V	N	C	T	P	Y	G	N	A	R	U	V	P
K	O	L	M	E	T	O	I	S	T	A	K	J	P
P	Y	O	V	I	I	S	I	T	O	I	S	T	A

VIISI
DESIMAALI
KYMMENEN
KUUSITOISTA
KAKSI
KAKSITOISTA
MATEMATIIKKA
YHDEKSÄN
KAHDEKSAN
NELJÄ
VIISITOISTA
KUUSI
SEITSEMÄN
KOLMETOISTA
KOLME
YKSI
NOLLA

23 - Física

E	Y	Y	P	M	O	O	T	T	O	R	I	N	K
L	L	Y	N	A	K	A	A	V	A	S	N	P	E
E	E	C	E	S	I	R	E	Z	B	Y	O	Y	M
K	I	V	R	S	H	N	J	T	P	T	P	I	I
T	S	S	O	A	A	K	O	U	T	Y	E	A	A
R	T	F	L	M	P	A	T	V	G	D	U	T	L
O	Ä	A	M	F	Z	A	A	N	O	H	S	O	L
N	B	Z	L	I	Y	S	Y	E	H	I	T	M	I
I	Q	V	Z	T	Y	U	G	Q	Q	I	M	I	N
H	I	U	K	K	A	N	E	N	Z	K	Z	A	E
M	O	L	E	K	Y	Y	L	I	Y	B	T	R	N
T	A	A	J	U	U	S	B	E	Q	D	V	C	J
M	A	G	N	E	T	I	S	M	I	L	I	K	N
W	M	E	K	A	N	I	I	K	K	A	T	N	P

KIIHDYTYS
ATOMI
KAAOS
TIHEYS
ELEKTRONI
KAAVA
TAAJUUS
KAASU
PAINOVOIMA
MAGNETISMI
MASSA
MEKANIIKKA
MOLEKYYLI
MOOTTORI
YDIN
HIUKKANEN
KEMIALLINEN
YLEISTÄ
NOPEUS

24 - Especiarias

I	E	V	W	E	I	R	N	M	N	H	M	B	I
U	D	A	L	O	U	S	A	A	R	Z	W	C	N
U	V	L	U	K	U	I	R	U	P	P	I	P	K
D	P	K	M	S	Q	M	E	S	K	A	V	I	I
I	L	O	K	N	E	F	K	T	A	J	H	M	V
L	H	S	G	Y	A	C	T	E	R	L	L	A	Ä
E	L	I	Y	P	N	N	A	S	D	I	A	K	Ä
N	N	P	K	J	I	S	K	A	E	N	K	E	R
A	U	U	K	A	M	I	I	H	M	A	R	A	I
K	B	L	C	H	U	N	A	R	U	V	I	D	L
A	G	I	F	U	K	A	Y	A	M	P	T	C	I
L	G	S	K	I	R	B	Z	M	M	M	S	G	H
S	I	P	U	L	I	R	S	I	A	R	I	E	G
M	D	U	D	O	C	U	Y	T	L	W	V	L	L

MAUSTESAHRAMI
LAKRITSI
VALKOSIPULI
KATKERA
ANIS
HAPAN
VANILJA
KANELI
KARDEMUMMA
CURRY

SIPULI
KUMINA
KYNSI
MAKEA
FENKOLI
INKIVÄÄRI
PIPPURI
MAKU
SUOLA

25 - Países #1

T	A	E	E	N	I	R	A	K	P	V	N	D	C
N	L	C	C	B	I	M	A	R	O	K	K	O	Y
G	A	L	U	I	T	C	M	A	L	I	H	A	E
M	G	T	A	C	L	F	A	P	G	Q	A	Ž	S
L	E	Q	D	L	F	W	W	R	I	A	A	D	P
L	N	F	O	T	O	L	W	U	A	D	S	O	A
P	E	D	R	E	S	U	W	B	I	G	L	B	N
I	S	R	A	E	L	B	P	K	L	V	U	M	J
M	N	O	R	J	A	S	R	E	A	V	P	A	A
O	T	A	W	O	G	A	P	G	T	N	U	K	D
U	I	N	T	I	A	K	E	Y	I	A	A	G	H
S	V	M	Q	P	Q	S	I	P	N	E	S	D	O
P	A	N	A	M	A	A	V	T	L	W	E	C	A
B	R	A	S	I	L	I	A	I	B	E	O	R	V

SAKSA
BRASILIA
KAMBODŽA
KANADA
EGYPTI
ECUADOR
ESPANJA
SUOMI
IRAK
ISRAEL
ITALIA
INTIA
MALI
MAROKKO
NICARAGUA
NORJA
PANAMA
PUOLA
SENEGAL

26 - A Mídia

Ä	U	P	F	C	M	Z	C	S	O	N	I	A	P
L	S	A	N	O	M	A	L	E	H	T	I	U	A
Y	D	I	G	I	T	A	A	L	I	N	E	N	I
L	F	R	N	E	N	I	L	L	A	P	U	A	K
L	K	A	T	E	L	E	V	I	S	I	O	M	A
I	S	D	A	D	Q	O	T	N	U	S	U	A	L
N	S	I	S	U	T	I	O	H	A	R	M	S	L
E	U	O	S	K	U	V	A	T	F	A	O	J	I
N	T	Ö	O	W	J	G	E	V	M	A	T	D	N
J	U	L	K	I	N	E	N	I	E	D	K	Y	E
K	L	I	R	T	S	U	D	N	I	R	U	T	N
L	U	S	E	H	B	M	P	R	K	L	K	T	A
O	O	K	V	A	S	E	N	T	E	E	T	K	K
Y	K	Y	V	I	E	S	T	I	N	T	Ä	O	O

ASENTEET
KAUPALLINEN
VIESTINTÄ
DIGITAALINEN
PAINOS
KOULUTUS
FAKTA
RAHOITUS
KUVAT
YKSILÖ
INDUSTRI
ÄLYLLINEN
SANOMALEHTI
PAIKALLINEN
VERKOSSA
LAUSUNTO
JULKINEN
RADIO
VERKKO
TELEVISIO

27 - Casa

O	T	S	A	J	R	I	K	P	N	S	H	F	H
C	K	Z	E	N	Ø	K	L	E	R	U	U	A	Q
Y	E	A	D	I	V	E	O	A	D	I	O	C	U
R	I	F	M	A	N	V	J	V	O	H	N	Y	R
M	T	P	P	O	V	Ä	E	J	I	K	E	Y	G
A	T	U	I	L	L	A	T	O	T	U	A	N	F
T	I	U	U	L	L	A	K	K	O	H	A	N	A
T	Ö	T	O	H	R	E	V	V	U	N	H	D	G
O	T	A	I	K	K	U	N	A	A	O	Y	H	R
O	A	R	S	A	V	U	P	I	I	P	P	U	V
O	K	H	T	M	P	S	B	P	F	P	B	Q	B
U	K	A	A	I	T	A	M	R	P	E	I	L	I
P	A	G	T	N	L	U	U	T	A	A	E	A	H
H	U	O	N	E	K	A	L	U	R	F	I	B	T

KIRJASTO
AITA
SAVUPIIPPU
NØKLER
SUIHKU
VERHOT
KEITTIÖ
PEILI
AUTOTALLI
IKKUNA
PUUTARHA
TAKKA
HUONEKALU
SEINÄ
OVI
HUONE
ULLAKKO
MATTO
HANA
LUUTA

28 - Vegetais

P	A	R	S	A	K	A	A	L	I	K	T	S	J
S	B	I	T	T	A	A	L	A	S	G	F	M	O
V	H	R	I	N	K	I	V	Ä	Ä	R	I	F	A
R	A	E	N	R	E	H	N	A	U	R	I	S	H
E	O	L	L	K	J	A	S	T	I	P	R	U	K
T	A	L	K	B	O	S	I	O	K	A	N	U	M
I	K	E	L	O	M	Z	E	M	R	N	Y	K	P
I	K	S	Y	G	S	G	N	R	M	U	G	K	O
S	O	Y	L	K	T	I	I	V	M	R	O	R	R
I	S	W	G	I	L	U	P	I	S	E	V	U	K
P	I	N	A	A	T	T	I	U	Y	P	C	K	K
I	T	T	A	A	M	O	T	W	L	O	Z	T	A
V	R	P	E	R	S	I	L	J	A	I	I	D	N
S	A	L	O	T	T	I	S	I	P	U	L	I	A

KURPITSA
SELLERI
ARTISOKKA
VALKOSIPULI
PERUNA
MUNAKOISO
PARSAKAALI
SIPULI
PORKKANA
SALOTTISIPULI
SIENI
HERNE
PINAATTI
INKIVÄÄRI
NAURIS
KURKKU
RETIISI
SALAATTI
PERSILJA
TOMAATTI

29 - Balé

R	I	Y	O	Y	S	Z	J	C	B	M	O	O	B
Y	L	L	I	R	O	A	N	F	R	U	R	T	A
T	M	Ä	J	Ä	T	L	E	V	Ä	S	K	A	L
M	E	L	T	H	I	L	N	L	Y	I	E	N	L
I	I	I	E	W	A	E	I	D	E	I	S	S	E
P	K	H	K	F	T	T	L	O	K	K	T	S	R
B	Ä	A	N	F	V	I	L	Y	Q	K	E	I	I
R	S	K	I	K	O	O	E	D	L	I	R	J	N
I	S	S	I	I	V	J	E	I	C	E	I	A	A
W	R	E	K	M	I	R	T	E	V	W	I	T	I
W	Y	T	K	L	R	A	I	G	K	U	E	S	I
B	O	P	A	P	J	H	A	T	Y	Y	L	I	Ö
O	W	T	E	S	K	U	T	I	O	J	R	A	H
K	O	R	E	O	G	R	A	F	I	A	K	Z	Y

TAITEELLINEN
BALLERINA
SÄVELTÄJÄ
KOREOGRAFIA
TANSSIJAT
HARJOITUKSET
TYYLI
ILMEIKÄS
ELE
TAITO
LIHAKSET
MUSIIKKI
ORKESTERI
HARJOITELLA
YLEISÖ
RYTMI
TEKNIIKKA

30 - Adjetivos #1

V	T	I	E	H	D	O	T	O	N	J	C	A	M
I	U	D	V	A	L	T	A	V	A	I	Y	R	O
E	N	E	N	I	L	L	E	H	E	R	B	O	D
H	E	N	E	N	I	L	L	E	D	Y	Ä	T	E
Ä	N	T	E	K	S	O	T	I	S	K	Z	U	R
T	I	T	R	A	S	K	A	S	W	R	Y	H	N
T	L	I	R	U	U	S	P	S	J	U	W	O	I
Ä	L	N	E	N	I	T	T	A	A	M	O	R	A
V	E	E	H	W	A	Y	Q	I	M	E	E	J	V
Ä	E	N	I	O	Q	F	V	L	L	M	J	C	A
P	T	O	D	O	I	J	V	E	T	G	U	W	K
Y	I	B	A	N	V	G	K	T	A	L	F	T	A
V	A	M	S	D	O	K	O	N	E	F	K	S	V
M	T	T	Ä	R	K	E	Ä	A	Z	Q	N	N	U

EHDOTON
AROMAATTINEN
TAITEELLINEN
VIEHÄTTÄVÄ
VALTAVA
TUMMA
EKSOTISK
OHUT
ANTELIAS
SUURI
REHELLINEN
IDENTTINEN
TÄRKEÄ
HIDAS
MODERNI
TÄYDELLINEN
RASKAS
VAKAVA

31 - Paisagens

J	I	K	Ä	M	K	U	I	L	U	Q	I	T	H
N	R	Q	L	F	J	Ä	Ä	V	U	O	R	I	Q
T	A	A	V	R	B	C	T	Y	M	U	M	L	W
H	A	H	N	H	O	S	A	D	I	E	K	I	N
Y	S	H	O	T	N	A	A	W	K	F	R	F	E
L	U	O	L	A	A	A	M	H	O	V	A	I	R
H	U	S	U	O	C	V	I	J	J	Ä	R	V	I
C	Q	K	G	S	L	I	M	Q	V	Z	D	V	R
U	P	A	E	J	O	K	E	R	I	R	N	V	O
A	G	A	E	Z	V	K	I	V	V	G	U	S	U
J	N	L	A	O	B	O	N	C	F	K	T	I	V
L	V	A	L	T	A	M	E	R	I	C	P	W	P
H	J	Ä	Ä	T	I	K	K	Ö	N	A	Y	O	G
V	E	S	I	P	U	T	O	U	S	H	O	G	D

VESIPUTOUS
LUOLA
MÄKI
AAVIKKO
JÄÄTIKKÖ
KUILU
JÄÄVUORI
SAARI
JÄRVI
MERI
VUORI
KEIDAS
VALTAMERI
SUO
NIEMIMAA
RANTA
JOKI
TUNDRA
LAAKSO
VOLCANO

32 - Dança

H	A	K	A	T	E	M	I	A	M	V	E	G	N
A	I	F	A	R	G	O	E	R	O	K	W	I	M
R	K	Q	P	E	R	I	N	T	E	I	N	E	N
J	M	R	Z	O	H	E	K	Q	B	D	L	J	W
O	R	Y	T	M	I	R	U	U	T	T	L	U	K
I	M	C	F	R	N	E	N	I	S	S	A	L	K
T	U	Q	Y	A	A	E	T	U	B	B	O	I	H
U	S	Z	I	P	P	L	N	U	M	C	M	K	W
K	I	Y	O	S	P	A	I	I	N	T	Q	J	M
S	I	V	Y	W	M	N	Y	I	O	N	C	R	I
E	K	P	H	L	U	M	B	B	K	L	E	Y	L
T	K	K	Z	Q	K	R	V	Z	F	E	I	H	G
U	I	J	K	B	Z	F	T	A	I	D	E	T	K
I	L	M	E	I	K	Ä	S	T	F	Q	J	I	R

AKATEMIA
ILOINEN
TAIDE
KLASSINEN
KOREOGRAFIA
KEHO
KULTTUURI
TUNNE
HARJOITUKSET
ILMEIKÄS
ARMO
LIIKE
MUSIIKKI
KUMPPANI
RYHTI
RYTMI
PERINTEINEN

33 - Nutrição

T	K	H	R	K	P	R	O	T	E	I	I	N	I
R	A	P	E	W	A	G	L	P	D	L	K	F	U
U	J	S	T	F	W	S	U	S	U	T	Ä	F	N
O	L	Y	A	R	E	K	T	A	K	G	Y	O	V
K	S	E	R	P	E	Z	A	I	B	T	M	T	Y
A	A	V	D	T	A	T	A	Y	K	E	I	S	B
V	I	R	Y	F	G	I	L	U	B	E	N	S	K
A	V	E	H	T	M	T	N	O	B	T	E	G	A
L	K	T	O	N	I	A	P	O	Q	S	N	N	L
I	P	Z	B	G	G	U	K	E	I	E	A	I	O
O	E	V	R	E	T	O	L	U	I	N	M	R	R
A	U	L	A	H	A	K	O	U	R	I	E	Æ	I
Q	B	V	K	S	Y	Ö	T	Ä	V	Ä	C	N	I
L	C	T	F	S	O	M	Y	R	K	K	Y	V	G

KATKERA
RUOKAHALU
KALORI
KARBOHYDRATER
SYÖTÄVÄ
RUOKAVALIO
TASAPAINOINEN
KÄYMINEN
NESTEET
KASTIKE
NÆRINGSSTOFF
PAINO
PROTEIINI
LAATU
MAKU
TERVE
TERVEYS
MYRKKY

34 - Energia

F	Q	S	B	E	N	S	I	I	N	I	T	J	U
O	D	Ä	M	O	O	T	T	O	R	I	D	G	U
R	U	H	N	J	U	A	F	F	T	R	B	Z	S
U	U	K	E	C	E	N	G	U	F	T	Y	R	I
R	E	Ö	N	Y	M	P	Ä	R	I	S	T	Ö	U
E	L	I	T	E	E	R	H	D	L	U	E	P	T
N	E	N	R	F	O	T	O	N	I	D	V	M	U
S	K	E	O	L	L	K	B	C	I	N	K	Ä	V
N	T	N	P	Q	V	V	N	C	H	I	Q	L	A
I	R	A	I	L	T	L	I	I	N	L	Q	G	Q
N	O	Y	A	M	B	F	O	R	R	U	F	J	K
G	N	N	D	D	I	E	S	E	L	U	K	K	A
K	I	N	I	I	B	R	U	T	P	T	A	P	Z
Q	R	P	O	E	N	I	A	O	T	T	L	O	P

YMPÄRISTÖ
AKKU
LÄMPÖ
HIILI
POLTTOAINE
DIESEL
SÄHKÖINEN
ELEKTRONI
ENTROPIA
FOTONI
BENSIINI
VETY
INDUSTRI
MOOTTORI
YDIN
FORURENSNING
UUSIUTUVA
AURINKO
TURBIINI
TUULI

35 - Disciplinas Científicas

K	A	H	Q	E	D	E	I	T	I	T	H	Ä	T
Q	A	R	F	Z	K	L	E	G	F	E	N	A	F
R	G	S	K	W	O	O	Y	W	T	F	N	N	Y
B	E	T	V	E	Z	F	L	U	H	F	A	A	S
U	D	O	T	I	O	N	Y	O	B	L	B	T	I
Q	E	O	O	Y	T	L	Z	G	G	B	G	O	O
Y	I	B	I	Q	O	I	O	K	W	I	I	M	L
R	T	V	R	U	I	N	E	G	N	C	A	I	O
B	I	O	L	O	G	I	A	D	I	B	I	A	G
A	L	D	D	E	Q	B	S	G	E	A	M	C	I
D	E	B	I	O	K	E	M	I	A	Z	E	W	A
A	I	G	O	L	O	E	G	I	C	E	K	C	S
I	K	S	O	S	I	O	L	O	G	I	A	J	S
J	N	E	U	R	O	L	O	G	I	A	N	A	M

ANATOMIA
ARKEOLOGIA
TÄHTITIEDE
BIOLOGIA
BIOKEMIA
KASVITIEDE
EKOLOGIA
FYSIOLOGIA
GEOLOGIA
KIELITIEDE
NEUROLOGIA
KEMIA
SOSIOLOGIA

36 - Meditação

H	L	S	E	L	K	E	Y	S	R	K	A	R	N
D	E	U	N	N	B	D	Y	I	A	I	J	M	Ä
Y	J	R	O	E	I	K	G	S	U	I	A	U	K
H	Z	H	E	N	T	E	L	N	H	T	T	S	Ö
E	S	I	M	I	T	H	Y	R	A	O	U	I	K
N	I	L	Y	M	L	O	N	E	U	L	K	I	U
K	H	J	Ö	Y	I	L	E	I	M	L	S	K	L
I	U	A	T	S	C	E	Ä	I	S	I	I	K	M
S	T	I	Ä	K	R	H	V	Q	P	S	A	I	A
T	U	S	T	Ä	A	C	U	C	E	U	S	J	I
Ä	N	U	U	V	U	R	R	O	E	U	O	L	P
J	N	U	N	Y	C	V	S	M	M	S	Z	B	P
W	E	S	T	H	L	I	I	K	E	I	C	W	O
T	M	S	O	T	N	I	A	V	A	H	O	N	V

HYVÄKSYMINEN
HEREILLÄ
OPPIA
HUOMIO
SELKEYS
MYÖTÄTUNTO
TUNNE
KIITOLLISUUS
HENKISTÄ
MIELI
LIIKE
MUSIIKKI
LUONTO
HAVAINTO
RAUHA
AJATUKSIA
NÄKÖKULMA
RYHTI
HILJAISUUS

37 - Artes Visuais

M	M	N	G	V	K	P	L	I	I	T	U	A	E
P	U	Ä	T	E	S	A	S	U	U	V	O	U	L
U	O	K	A	I	U	R	T	Z	I	W	K	L	O
J	T	Ö	L	S	M	A	P	J	C	Q	C	J	K
K	O	K	A	T	U	F	O	V	K	J	H	M	U
E	K	U	K	O	T	I	V	A	S	Y	F	H	V
R	U	L	K	S	S	I	H	U	Z	M	N	N	A
A	V	M	A	D	O	N	L	O	I	T	R	Ä	W
M	A	A	B	Q	O	I	M	A	A	L	A	U	S
I	V	A	L	O	K	U	V	A	C	Y	J	N	Y
I	M	E	S	T	A	R	I	T	E	O	S	I	F
K	A	L	Y	I	J	Y	K	Y	N	Ä	Q	O	V
K	T	A	I	T	E	I	L	I	J	A	E	Q	O
A	M	A	A	L	A	U	S	T	E	L	I	N	E

SAVI
TAITEILIJA
KYNÄ
MAALAUSTELINE
PARAFIINI
KERAMIIKKA
KOOSTUMUS
LUOVUUS
VEISTOS
ELOKUVA
VALOKUVA
LIITU
LYIJYKYNÄ
MESTARITEOS
NÄKÖKULMA
MAALAUS
MUOTOKUVA
LAKKA

38 - Moda

U	W	B	W	K	M	V	Q	G	W	K	V	J	K
S	P	S	G	A	O	T	Y	Y	L	I	A	J	E
M	Y	I	A	L	D	S	J	M	P	R	A	T	V
V	U	W	U	L	E	P	S	L	R	E	T	Y	I
K	A	K	V	I	R	J	M	O	Q	D	I	Y	B
G	M	A	A	S	N	E	N	O	I	O	M	L	O
A	G	H	T	V	I	S	T	I	P	R	A	I	U
A	U	W	W	E	A	Z	H	A	F	B	T	K	T
M	E	D	U	L	L	I	N	E	N	D	O	Ä	I
B	I	P	R	A	K	T	I	S	K	R	N	S	Q
E	L	T	E	E	K	K	I	N	I	A	P	G	U
O	K	F	A	R	A	K	E	N	N	E	E	P	E
M	F	H	A	T	F	E	G	W	F	K	F	O	O
S	U	U	N	T	A	U	S	K	A	N	G	A	S

EDULLINEN
BRODERI
PAINIKKEET
BOUTIQUE
KALLIS
MUKAVA
TYYLIKÄS
TYYLI
MITAT
MODERNI
VAATIMATON
PRAKTISK
PITSI
VAATE
KANGAS
SUUNTAUS
RAKENNE

39 - Instrumentos Musicais

H	K	L	A	R	I	N	E	T	T	I	C	H	T
P	U	P	P	R	A	H	K	R	B	B	M	Z	A
A	F	I	N	O	F	O	S	K	A	S	T	D	M
S	A	K	L	U	U	M	A	R	I	M	B	A	B
U	G	I	U	U	P	Y	M	Y	N	L	Z	D	U
U	O	T	F	R	P	I	V	T	I	U	K	P	R
N	T	A	B	U	R	Y	R	R	I	K	C	N	I
A	T	R	V	M	A	C	W	U	L	G	S	M	I
E	I	A	C	P	H	I	G	M	O	S	B	Z	N
G	O	N	G	U	I	Z	W	P	D	E	P	P	I
B	A	N	J	O	L	S	Q	E	N	L	I	K	T
E	I	N	R	V	U	F	H	T	A	L	A	C	O
Y	I	P	V	I	U	L	U	T	M	O	N	B	H
F	C	G	H	G	H	U	L	I	M	E	O	B	O

MANDOLIINI
BANJO
KLARINETTI
FAGOTTI
HUILU
HUULIHARPPU
GONG
HARPPU
MARIMBA
OBOE
TAMBURIINI
PIANO
SAKSOFONI
RUMPU
PASUUNA
TRUMPETTI
KITARA
VIULU
SELLO

40 - Adjetivos #2

P	Y	T	Q	T	J	D	D	A	K	K	T	M	Y
U	L	W	N	T	E	F	W	D	U	U	N	E	U
H	P	L	E	M	A	R	M	G	V	U	O	U	B
D	E	T	N	Q	V	U	V	Q	A	L	R	J	H
A	Ä	C	I	E	I	H	U	E	U	U	M	T	L
S	F	I	A	M	U	U	K	S	S	I	A	U	A
T	Y	Y	L	I	K	Ä	S	A	I	S	A	O	H
A	G	R	O	H	T	S	Y	I	I	A	L	T	J
C	C	C	U	C	P	E	W	L	K	T	I	T	A
P	A	K	S	U	Q	J	Q	L	G	A	O	A	K
V	A	S	T	U	U	L	L	I	N	E	N	V	A
V	A	H	V	A	L	N	B	V	C	Q	J	A	S
D	Z	S	B	Y	L	U	O	V	A	O	I	Z	L
L	U	O	N	N	O	L	L	I	N	E	N	U	P

AITO
LUOVA
KUVAUS
LAHJAKAS
TYYLIKÄS
KUULUISA
VAHVA
PAKSU
LUONNOLLINEN
NORMAALI

UUSI
YLPEÄ
TUOTTAVA
PUHDAS
KUUMA
VASTUULLINEN
SUOLAINEN
TERVE
KUIVA
VILLI

41 - Roupas

T	F	I	H	B	Z	U	W	K	W	I	P	E	M
U	R	O	K	A	L	U	A	K	E	Y	T	S	U
S	M	I	F	T	T	U	K	R	A	F	A	I	O
U	M	K	H	I	V	T	A	K	U	S	K	L	T
O	E	E	H	A	C	T	U	M	Z	U	K	I	I
H	K	A	D	P	M	H	C	C	K	I	I	I	B
D	K	O	Ä	K	N	E	K	G	H	O	Z	N	A
H	O	Y	E	S	L	D	N	Å	B	M	R	A	J
M	H	G	O	R	N	B	P	Y	J	A	M	A	B
K	Ä	S	I	N	E	E	T	H	U	I	V	I	W
A	H	A	N	V	I	L	L	A	P	A	I	T	A
S	A	N	D	A	A	L	I	T	H	V	Z	C	M
Y	D	N	U	W	O	B	N	G	L	N	Y	T	L
P	U	S	E	R	O	U	L	P	B	I	I	Ö	P

ESILIINA
PUSERO
HOUSUT
PAITA
HATTU
VYÖ
KAULAKORU
TAKKI
FARKUT
HUIVI
KÄSINEET
SUKAT
MUOTI
PYJAMA
ARMBÅND
HAME
SANDAALIT
KENKÄ
VILLAPAITA
MEKKO

42 - Herbalismo

T	I	M	J	A	M	I	K	U	K	K	A	P	L
U	R	C	Y	I	I	G	K	I	L	A	A	T	U
F	E	N	K	O	L	I	R	A	K	U	U	N	A
M	E	G	J	B	I	I	W	I	M	W	K	N	T
H	Y	Ö	D	Y	L	L	I	N	E	N	O	A	Z
K	V	Y	A	K	U	E	P	I	V	C	R	J	M
Q	I	W	I	D	P	T	U	I	V	U	I	L	L
M	H	C	N	N	I	N	U	R	A	W	A	I	F
E	R	K	E	O	S	E	T	A	U	C	N	S	K
I	E	A	S	S	O	V	A	M	L	L	T	R	A
R	Ä	S	O	Z	K	A	R	S	T	R	E	E	S
A	B	V	S	O	L	L	H	O	M	Q	R	P	F
M	K	I	A	N	A	Z	A	R	I	D	I	R	M
I	N	U	Z	R	V	B	A	S	I	L	I	K	A

ROSMARIINI
VALKOSIPULI
HYÖDYLLINEN
KORIANTERI
RAKUUNA
KUKKA
FENKOLI
AINESOSA
PUUTARHA
LAVENTELI
BASILIKA
MEIRAMI
KASVI
LAATU
MAKU
PERSILJA
TIMJAMI
VIHREÄ

43 - Arqueologia

J	Ä	L	K	E	L	Ä	I	N	E	N	F	I	A
V	A	N	T	I	I	K	I	N	K	J	O	M	R
P	R	O	F	E	S	S	O	R	I	Ä	S	Y	V
N	M	J	U	W	Q	T	B	O	C	Ä	S	S	I
D	O	F	O	T	H	K	E	I	G	N	I	T	O
G	H	T	F	G	Q	T	I	M	Z	N	I	E	I
A	I	K	A	K	A	U	S	I	P	E	L	E	N
J	L	M	P	M	H	P	Z	I	Q	P	I	R	T
I	U	P	T	O	E	A	L	T	Q	H	E	I	I
K	U	V	M	Y	S	T	U	Q	O	P	C	L	A
T	T	Z	D	S	H	V	N	T	P	N	P	S	I
U	O	B	J	E	K	T	I	U	A	D	V	K	T
T	Q	U	N	O	H	D	E	T	T	U	R	U	Y
S	I	V	I	L	I	S	A	A	T	I	O	J	O

ANTIIKIN
ARVIOINTI
SIVILISAATIO
JÄLKELÄINEN
TUNTEMATON
TIIMI
AIKAKAUSI
UNOHDETTU
FOSSIILI
TUTKIJA
MYSTEERI
OBJEKTI
LUUT
PROFESSORI
JÄÄNNE
TEMPPELI
HAUTA

44 - Esporte

L	I	H	A	K	S	E	T	P	W	R	M	O	V
K	E	S	T	Ä	V	Y	Y	S	W	U	A	H	E
G	R	I	S	Y	D	Ä	N	N	F	O	K	J	N
L	S	L	H	C	S	S	P	C	S	K	S	E	Y
J	N	R	V	Z	E	Y	F	S	A	A	I	L	T
R	A	V	I	T	S	E	M	U	S	V	M	M	T
T	K	J	D	U	W	V	Ä	U	U	A	O	O	E
I	A	E	I	U	M	R	K	V	R	L	I	I	L
S	F	V	H	L	Y	E	K	H	H	I	D	D	Y
S	R	P	O	O	I	T	L	A	E	O	A	A	K
N	O	C	S	I	M	E	Ö	V	I	S	H	J	Y
A	G	W	U	U	T	O	H	I	L	U	N	P	K
T	A	Q	G	J	L	E	N	R	U	O	K	V	I
P	Y	Ö	R	Ä	I	L	Y	M	U	Y	N	T	Q

VENYTTELY
URHEILIJA
KYKY
SYDÄN
PYÖRÄILY
KEHO
TANSSIT
RUOKAVALIO
URHEILU
VAHVUUS
HÖLKKÄ
MAKSIMOIDA
LIHAKSET
RAVITSEMUS
TAVOITE
LUUT
OHJELMOIDA
KESTÄVYYS
TERVEYS

45 - Frutas

V	M	U	Y	L	R	Y	P	Ä	L	E	O	E	Q
R	A	S	R	F	O	P	E	R	S	I	K	K	A
Z	N	D	R	J	G	W	O	R	P	V	R	W	W
W	U	A	E	J	N	R	D	E	B	R	M	T	Y
A	U	Z	B	L	A	P	R	I	K	O	O	S	I
V	R	J	K	O	M	A	H	V	I	O	K	A	N
O	T	Z	C	N	R	A	Y	I	O	N	I	N	I
K	I	N	A	A	N	A	B	I	H	K	R	A	I
A	S	E	L	S	V	O	N	K	H	O	S	N	R
D	F	Y	B	E	C	R	M	S	Z	C	I	A	A
O	G	U	A	V	A	C	M	E	S	F	K	H	T
K	O	K	O	S	N	Ø	T	T	N	I	K	U	K
V	G	V	I	I	K	U	N	A	V	A	A	I	E
P	Ä	Ä	R	Y	N	Ä	M	A	R	J	A	T	N

AVOKADO
ANANAS
BLACKBERRY
MARJA
BANAANI
KIRSIKKA
KOKOSNØTT
APRIKOOSI
VIIKUNA
VADELMA
GUAVA
KIIVI
ORANSSI
SITRUUNA
OMENA
MANGO
NEKTARIINI
PÄÄRYNÄ
PERSIKKA
RYPÄLE

46 - Corpo Humano

O	P	F	F	Z	O	C	N	I	L	K	K	A	P
T	C	F	P	N	L	D	N	G	E	D	F	D	S
S	V	A	I	Y	K	H	M	O	S	A	I	B	M
A	P	G	Y	P	A	J	A	L	K	A	R	H	T
U	Y	C	F	Y	P	B	P	N	T	R	E	T	O
S	O	R	M	I	Ä	F	C	Ä	S	V	V	U	V
K	G	M	Q	N	Ä	P	S	D	Ä	I	O	F	I
A	V	R	O	K	Q	U	M	Y	H	J	L	Y	A
U	U	S	K	Ä	S	I	O	S	R	P	Y	M	T
L	J	O	Z	Y	D	V	Q	O	D	O	N	V	Ä
A	K	Y	Y	N	Ä	R	P	Ä	Ä	L	E	B	I
Z	H	U	U	L	E	T	K	H	E	V	N	A	O
B	L	E	U	K	A	W	Q	B	U	I	Ä	R	U
O	I	N	F	I	W	Q	P	F	E	R	D	U	E

SUU
PÄÄ
AIVOT
SYDÄN
KYYNÄRPÄÄ
SORMI
POLVI
HUULET
KÄSI
NENÄ
SILMÄ
OLKAPÄÄ
KORVA
IHO
JALKA
KAULA
LEUKA
VERI
OTSA
NILKKA

47 - Restaurante #1

G	W	P	H	K	T	G	U	G	P	M	M	Z	Q
L	R	B	U	T	A	E	K	U	L	H	O	P	V
Q	Q	I	Z	D	L	N	W	Y	V	D	Ä	Y	M
Ä	D	Ö	Y	S	S	I	A	G	B	O	P	O	B
A	N	I	I	L	S	A	T	U	A	L	I	H	A
V	V	T	M	U	U	U	S	E	Y	V	E	L	D
A	E	T	V	A	L	I	K	K	O	W	L	B	I
R	I	I	M	A	U	S	T	E	I	N	E	N	W
A	T	E	T	A	R	J	O	I	L	I	J	A	W
U	S	K	K	A	S	T	I	K	E	L	R	T	K
S	I	L	D	G	J	A	I	G	R	E	L	L	A
J	Ä	L	K	I	R	U	O	K	A	K	Z	E	H
E	W	J	L	R	Q	G	U	B	E	Y	J	Z	V
Y	Z	G	R	H	M	B	F	J	D	S	M	A	I

ALLERGIA
KAHVI
LIHA
SYÖDÄ
KEITTIÖ
VEITSI
KANA
TARJOILIJA
LAUTASLIINA
AINE
VALIKKO
KASTIKE
LEIPÄ
MAUSTEINEN
LEVY
VARAUS
JÄLKIRUOKA
KULHO

48 - Caminhada

V	O	N	R	I	P	E	I	R	T	Ä	W	B	Y
U	U	F	Q	B	U	L	L	L	A	Ä	P	I	M
U	O	O	B	D	I	Ä	L	T	M	S	P	C	Q
A	M	M	R	L	S	I	I	A	M	A	K	L	R
G	B	S	W	I	T	M	V	A	U	T	S	A	G
T	H	P	S	B	O	E	Z	P	P	T	F	T	S
S	L	F	J	Y	T	T	H	P	K	R	J	Y	O
P	C	C	R	J	L	I	Q	A	A	A	P	N	K
W	R	A	K	I	V	I	F	A	L	K	N	Y	N
C	C	M	K	O	K	O	U	S	L	T	E	S	I
F	Y	P	L	U	O	N	T	O	I	D	M	Ä	R
W	B	I	S	U	U	N	T	A	O	A	Q	V	U
K	W	N	V	A	A	R	A	T	V	E	S	I	A
M	H	G	L	P	Y	E	W	L	O	S	I	I	T

CAMPING
ELÄIMET
VESI
SAAPPAAT
VÄSYNYT
ILMASTO
KOKOUS
KARTTA
VUORI
LUONTO
SUUNTA
PUISTOT
KIVI
KALLIO
VAARAT
RASKAS
VILLI
AURINKO
SÄÄ

49 - Beleza

F	Q	E	T	F	I	T	S	E	P	P	E	L	V
T	M	S	G	B	O	A	R	M	O	H	I	R	N
J	A	K	K	I	I	T	E	M	S	O	K	A	S
A	D	Y	C	Q	S	L	O	B	W	K	Y	P	H
S	T	Y	L	I	S	T	I	G	V	T	Q	E	A
Ä	S	V	T	I	N	I	V	Ä	E	L	I	S	M
K	I	H	A	R	A	T	T	Ä	K	N	H	Y	P
I	W	C	T	Ä	G	U	Y	H	R	U	N	T	O
L	S	A	U	V	E	L	Z	J	M	I	E	Ä	O
Y	A	G	O	I	L	E	D	C	L	P	A	H	Z
Y	K	C	K	S	E	V	T	D	K	Ö	Q	E	E
T	S	C	S	P	I	L	P	E	I	L	I	I	T
T	E	N	U	I	M	A	B	C	E	O	J	V	F
L	T	B	R	R	U	P	M	E	I	K	K	I	G

LEPPESTIFT
KIHARAT
VIEHÄTYS
VÄRI
KOSMETIIKKA
TYYLIKÄS
ELEGANSSI
PEILI
STYLISTI
FOTOGEN
TUOKSU
ARMO
MEIKKI
ÖLJYT
IHO
RIPSIVÄRI
PALVELUT
SILEÄ
SAKSET
SHAMPOO

50 - Água

S	E	U	F	H	J	C	J	K	P	U	J	N	A
V	D	U	O	L	N	N	P	O	A	V	P	Q	N
V	A	L	T	A	M	E	R	I	K	N	H	W	L
R	S	E	L	K	M	N	S	N	D	I	A	Z	K
I	S	T	A	O	O	I	E	A	L	J	B	V	L
D	P	S	A	S	N	M	J	A	P	J	V	I	A
P	H	A	G	T	S	U	Ä	K	H	Ö	Y	R	Y
N	A	K	I	E	U	T	Ä	I	V	O	U	V	A
V	T	K	A	U	U	H	N	R	I	S	Y	E	G
I	F	S	K	S	N	I	W	R	L	U	M	I	N
C	W	Q	J	A	I	A	N	U	K	H	I	U	S
T	U	L	V	A	N	H	I	H	E	U	K	D	Q
R	Q	A	R	R	I	E	J	Ä	R	V	I	Q	U
E	K	O	H	P	Z	Z	N	T	E	G	D	W	T

KANAVA
SADE
SUIHKU
HAIHTUMINEN
HURRIKAANI
PAKKANEN
JÄÄN
GEYSIR
TULVA
KASTELU
JÄRVI
MONSUUNI
LUMI
VALTAMERI
AALTO
JOKI
KOSTEUS
HÖYRY

51 - Filantropia

T	A	M	L	E	J	H	O	O	J	K	G	H	R
E	E	Y	S	U	T	I	W	T	N	R	A	I	Y
E	T	H	J	N	P	R	I	M	R	P	V	S	H
T	A	A	T	T	I	O	J	H	A	L	M	T	M
S	D	E	A	Ä	C	U	C	J	T	W	I	O	Ä
A	B	F	R	K	V	N	L	B	D	S	L	R	T
A	Y	L	A	A	Q	Ä	G	Q	N	D	D	I	S
H	B	H	V	L	Q	F	D	P	Y	G	H	A	K
D	A	Z	T	E	S	I	M	H	I	P	E	M	B
U	V	T	E	E	T	T	I	O	V	A	T	Y	L
J	N	L	R	K	I	R	A	H	O	I	T	U	S
Y	R	P	S	Y	Y	S	I	L	L	E	H	E	R
W	P	D	N	C	L	N	Ö	L	A	P	S	E	T
Y	H	T	E	Y	S	T	I	E	D	O	T	U	Y

YHTEISÖ
YHTEYSTIEDOT
LAPSET
HAASTEET
LAHJOITTAA
RAHOITUS
VARAT
GAVMILDHET
RYHMÄT
HISTORIA
REHELLISYYS
NUORI
TEHTÄVÄ
TAVOITTEET
IHMISET
OHJELMAT

52 - Família

V	T	S	N	R	C	T	F	M	A	U	T	B	S
F	E	K	Z	O	N	Y	P	P	Z	U	I	J	I
B	V	L	F	U	M	T	A	T	U	R	T	M	S
L	E	I	J	D	N	Ä	S	I	T	I	Ä	Y	K
L	L	S	L	E	M	R	A	F	M	A	T	S	O
A	J	O	L	A	N	I	D	I	Ä	K	T	Q	I
P	E	Ä	J	I	P	P	K	E	G	I	R	R	L
S	N	I	Z	F	K	S	O	H	C	O	Q	E	E
E	T	T	U	J	M	K	I	I	U	P	C	D	V
T	Y	I	V	A	I	M	O	L	K	N	G	T	B
V	T	D	V	E	M	O	I	C	K	A	G	T	S
A	Ä	R	N	V	I	A	V	G	R	J	K	Y	E
P	R	J	G	K	E	R	Y	W	E	O	J	S	T
D	P	P	K	V	S	S	U	U	S	P	A	L	Ä

STAMFAR
ISOÄITI
LAPSI
LAPSET
VAIMO
TYTÄR
LAPSUUS
SISKO
VELI
MIES
ÄIDIN
ÄITI
POJANPOIKA
ISÄ
ISÄN
SERKKU
VELJENTYTÄR
VELJENPOIKA
TÄTI
SETÄ

53 - Férias #2

I	L	L	E	T	O	H	K	K	F	J	I	B	V
U	O	Y	U	E	G	V	K	A	U	V	S	J	A
I	M	F	D	L	L	I	U	L	R	V	K	U	R
K	A	D	K	T	U	I	J	O	W	T	A	Q	A
K	O	H	V	T	F	S	W	T	E	L	T	T	U
C	Y	H	I	A	T	U	H	N	K	B	M	A	K
F	D	A	D	F	H	M	H	I	R	E	M	A	S
L	V	G	I	E	A	I	C	V	G	S	W	P	E
F	U	B	H	M	V	A	U	A	E	L	U	A	T
J	O	R	N	K	N	K	J	R	N	M	G	V	P
I	R	A	A	S	U	T	E	J	L	U	K	H	A
N	E	N	I	A	L	A	A	M	O	K	L	U	S
P	T	J	V	G	Y	M	R	A	N	T	A	W	S
J	K	W	D	C	L	J	I	P	W	Q	U	F	I

LUFTHAVN
KOHDE
ULKOMAALAINEN
LOMA
KUVAT
HOTELLI
SAARI
VAPAA
KARTTA
MERI
VUORET
PASSI
RANTA
VARAUKSET
RAVINTOLA
TAKSI
TELTTA
KULJETUS
MATKA
VIISUMI

54 - Edifícios

S	U	P	E	R	M	A	R	K	E	T	W	H	A
T	E	A	T	T	E	R	I	A	W	H	H	O	S
D	J	E	L	O	K	U	V	A	Y	M	S	T	A
K	R	B	W	L	K	L	A	T	O	T	Z	E	I
L	A	U	T	O	T	A	L	L	I	O	A	L	R
G	Ä	Y	G	T	L	I	N	N	A	G	A	L	A
K	N	H	E	S	M	M	U	S	E	O	T	I	A
R	O	T	E	H	U	O	N	E	I	S	T	O	L
Z	I	U	O	T	Q	M	A	A	T	I	L	A	A
V	D	S	L	R	Y	E	V	R	F	Z	E	G	G
P	A	Z	M	U	N	S	A	D	H	E	T	F	J
I	T	Z	U	N	W	I	T	V	K	O	R	L	S
J	S	W	P	A	A	D	A	Ö	C	L	J	W	K
O	B	S	E	R	V	A	T	O	R	I	O	E	M

HUONEISTO
LINNA
LATO
ELOKUVA
LÄHETYSTÖ
KOULU
STADION
MAATILA
TEHDAS

AUTOTALLI
SAIRAALA
HOTELLI
MUSEO
OBSERVATORIO
SUPERMARKET
TEATTERI
TELTTA
TORNI

55 - Xadrez

K	A	T	S	U	M	U	A	L	V	Z	R	J	S
N	U	Ö	W	K	U	H	I	I	A	Z	P	D	J
E	L	N	D	Y	D	R	G	Q	L	F	Y	I	C
P	I	N	I	Q	L	A	E	D	K	A	E	A	P
E	A	Ä	R	N	J	T	T	W	O	S	H	G	A
L	P	Ä	A	H	G	A	A	A	I	P	P	O	S
I	L	S	T	K	A	A	R	K	N	B	S	N	S
Y	I	U	S	S	U	A	T	I	E	M	U	A	I
K	K	M	E	P	I	N	S	A	N	Q	A	A	I
J	I	U	M	C	Q	G	I	T	R	W	N	L	V
P	E	L	A	A	J	A	A	N	E	N	R	I	I
H	W	P	E	E	A	L	P	D	G	E	U	N	N
H	I	P	T	F	W	G	A	Y	P	A	T	E	E
V	A	S	T	U	S	T	A	J	A	P	S	N	N

OPPIA
VALKOINEN
MESTARI
KILPAILU
HAASTEET
DIAGONAALINEN
STRATEGIA
PELAAJA
PELI
VASTUSTAJA
PASSIIVINEN
MUSTA
KUNINGATAR
SÄÄNNÖT
KUNINGAS
UHRATA
AIKA
TURNAUS

56 - Aventura

K	O	K	C	R	N	W	M	E	D	T	I	H	E
O	O	O	P	Q	K	Q	A	Z	A	Q	N	A	L
Q	S	H	W	S	W	I	H	Ä	K	N	N	A	H
U	U	D	W	I	J	Ä	D	V	L	O	O	S	D
S	U	E	K	I	A	V	O	Ä	A	S	S	T	D
K	S	U	B	A	G	Ä	L	T	D	I	T	E	A
F	I	P	U	C	F	T	L	S	N	V	U	E	M
I	L	F	H	S	J	T	I	Y	R	O	S	T	E
S	L	G	G	B	I	Ä	S	U	E	N	U	A	K
D	A	O	D	A	K	L	U	I	O	G	A	L	V
A	V	C	N	K	T	L	U	R	M	F	A	K	H
N	R	R	D	T	E	Y	S	P	I	W	J	M	F
C	U	V	A	A	R	A	L	L	I	N	E	N	A
A	T	N	I	M	I	O	T	Y	L	P	H	N	K

ILO
YSTÄVÄ
TOIMINTA
KAUNEUS
MAHDOLLISUUS
HAASTEET
KOHDE
VAIKEUS
INNOSTUS
RETKI
MATKA
LUONTO
UUSI
VAARALLINEN
TURVALLISUUS
YLLÄTTÄVÄ

57 - Cidade

G	I	S	K	A	K	K	I	N	I	L	K	S	E
L	N	K	G	M	O	A	K	O	R	G	H	U	L
Y	E	F	C	Q	U	N	K	I	E	A	O	P	Ä
E	Y	I	I	M	L	F	E	D	T	L	T	E	I
K	B	G	P	K	U	Z	E	A	T	L	E	R	N
O	F	A	M	O	K	O	T	T	A	E	L	M	T
I	V	C	E	L	M	N	P	S	E	R	L	A	A
R	R	O	M	I	O	O	A	D	T	I	I	R	R
L	U	F	T	H	A	V	N	P	Q	A	Y	K	H
R	A	V	I	N	T	O	L	A	S	J	E	E	A
S	A	L	O	N	K	I	E	V	D	I	C	T	S
K	I	R	J	A	S	T	O	S	C	U	K	B	Y
M	A	R	K	K	I	N	A	V	U	K	O	L	E
Y	L	I	O	P	I	S	T	O	W	M	E	T	Y

LUFTHAVN
PANKKI
KIRJASTO
ELOKUVA
KLINIKKA
KOULU
STADION
APTEEKKI
GALLERIA
HOTELLI
ELÄINTARHA
MARKKINA
MUSEO
LEIPOMO
RAVINTOLA
SALONKI
SUPERMARKET
TEATTERI
YLIOPISTO

58 - Música

W	L	V	M	I	K	R	O	F	O	N	I	I	D
U	I	E	Ä	S	O	T	R	E	K	R	Z	M	E
D	M	K	K	L	A	L	B	U	M	I	L	P	V
L	T	J	G	A	I	N	O	M	R	A	H	R	L
L	Y	F	E	T	I	N	Ä	Ä	O	I	M	O	A
A	R	Y	Y	V	E	W	E	H	O	D	U	V	U
U	Q	Q	R	Z	B	K	V	G	P	O	S	I	L
L	O	K	K	I	S	U	U	M	P	L	I	S	A
U	H	T	W	L	N	B	D	O	E	E	I	O	A
L	T	H	J	H	G	E	T	A	R	M	K	I	W
B	A	L	L	A	D	I	N	E	A	Q	K	D	Y
L	A	U	L	A	J	A	C	D	M	C	I	A	J
R	U	N	O	L	L	I	N	E	N	P	L	U	S
K	L	A	S	S	I	N	E	N	Z	O	O	U	T

ALBUMI
BALLADI
LAULAA
LAULAJA
KLASSINEN
KERTOSÄE
ÄÄNITE
HARMONIA
IMPROVISOIDA
VÄLINE
LYYRINEN
MELODIA
MIKROFONI
MUSIIKKI
MUUSIKKO
OOPPERA
RUNOLLINEN
RYTMI
TEMPO
LAULU

59 - Matemática

Y	J	H	N	E	L	I	Ö	T	Ä	H	E	K	A
H	A	A	S	W	L	Q	U	A	V	J	K	H	R
T	E	L	A	I	R	T	E	M	M	Y	S	Z	I
Ä	K	K	K	L	K	A	U	L	R	Z	P	O	T
L	D	A	I	A	G	O	K	U	V	G	O	A	M
Ö	J	I	N	A	I	S	L	K	K	V	N	S	E
Q	F	S	N	M	N	R	Z	M	N	O	E	U	E
A	I	I	U	I	S	W	T	D	I	B	N	M	T
Y	H	J	U	S	V	Ä	D	E	C	O	T	M	T
H	D	A	S	E	B	V	D	D	M	F	T	A	I
H	C	V	S	D	Y	J	G	E	W	O	I	M	N
M	O	N	I	K	U	L	M	I	O	E	E	A	E
S	U	O	R	A	K	U	L	M	I	O	R	G	N
R	I	N	N	A	K	K	A	I	N	E	N	H	Y

ARITMEETTINEN
KULMAT
DESIMAALI
HALKAISIJA
YHTÄLÖ
EKSPONENTTI
JAE
GEOMETRIA
RINNAKKAINEN
SUUNNIKAS
KEHÄ
MONIKULMIO
NELIÖ
SÄDE
SUORAKULMIO
SYMMETRIA
SUMMA
KOLMIO

60 - Saúde e Bem Estar #1

T	T	R	S	A	V	Q	H	I	W	O	G	Z	Z
H	O	R	Y	H	T	I	E	Q	H	H	A	Z	T
K	O	T	W	P	T	I	R	E	E	T	K	A	B
Ä	C	I	T	A	L	J	M	W	K	Y	H	W	N
K	Q	W	T	U	U	L	O	E	L	S	U	D	H
L	L	F	D	O	M	R	T	L	P	W	G	U	L
Ä	D	I	C	O	J	U	L	Ä	Ä	K	Ä	R	I
N	F	J	N	D	B	A	S	U	E	K	R	O	K
W	G	S	L	I	L	I	H	A	K	S	E	T	K
I	H	O	E	C	K	T	E	R	A	P	I	A	E
M	N	Z	Q	S	I	K	M	U	N	G	L	N	E
L	Ä	Ä	K	E	J	H	A	V	I	R	U	S	T
R	E	F	L	E	K	S	I	W	U	S	G	F	P
Q	M	U	R	T	U	M	A	E	J	P	M	I	A

KORKEUS
BAKTEERIT
KLINIKKA
LÄÄKÄRI
APTEEKKI
NÄLKÄ
MURTUMA
TOTTUMUS
LÄÄKE
LIHAKSET
HERMOT
LUUT
IHO
RYHTI
REFLEKSI
TERAPIA
HOITO
VIRUS

61 - Natureza

A	D	L	O	A	R	K	T	I	N	E	N	L	M
A	Y	N	E	N	I	L	L	A	H	U	A	R	E
V	N	K	U	H	Y	D	M	Z	K	W	Z	P	H
I	A	E	A	U	T	E	L	Ä	I	M	E	T	I
K	A	R	O	U	R	I	I	W	T	S	T	E	L
K	M	O	J	J	N	E	E	E	P	U	R	R	Ä
O	I	O	Z	M	R	E	G	N	P	O	O	O	I
B	N	S	O	I	D	F	U	Ä	Y	J	O	U	N
F	E	I	R	S	U	M	U	S	H	A	P	V	E
V	N	O	P	I	L	V	I	T	Ä	S	P	Y	N
V	I	L	L	I	W	Z	N	E	K	C	I	H	C
J	Ä	Ä	T	I	K	K	Ö	M	K	S	N	V	G
T	Ä	R	K	E	Ä	O	E	M	Ö	B	E	R	V
F	M	Y	T	F	B	H	J	R	C	E	N	K	F

MEHILÄINEN
SUOJA
ELÄIMET
ARKTINEN
KAUNEUS
AAVIKKO
DYNAAMINEN
EROOSIO
METSÄ
LEHTIEN

JÄÄTIKKÖ
VUORET
SUMU
PILVI
JOKI
PYHÄKKÖ
VILLI
RAUHALLINEN
TROOPPINEN
TÄRKEÄ

62 - Animais de Estimação

E	C	V	F	A	N	N	O	K	I	P	L	I	K
T	E	R	N	P	E	N	T	U	I	N	I	K	O
D	H	G	C	B	K	K	Q	L	S	L	S	I	U
B	P	A	N	Z	K	Y	N	N	E	T	K	T	J
W	V	I	S	U	L	U	A	K	V	G	O	Z	F
L	S	Y	P	K	T	G	J	J	E	F	F	A	N
H	E	V	Z	A	Ö	T	S	R	Y	P	O	E	T
A	A	H	Q	L	O	K	A	N	I	H	O	U	V
M	G	T	M	A	E	U	Q	K	K	I	S	S	A
S	P	W	Q	Ä	U	C	Y	P	A	Y	F	J	Y
T	I	O	T	I	Y	M	H	I	I	R	I	C	B
E	L	I	Y	T	P	A	P	U	K	A	I	J	A
R	W	R	W	C	I	P	L	B	M	O	P	O	O
I	R	Ä	K	Ä	Ä	L	N	I	Ä	L	E	Z	K

VESI
VUOHI
PENTU
PYRSTÖ
KOIRA
KANI
KAULUS
KYNNET
KATTUNGE

KISSA
HAMSTERI
LISKO
HIIRI
PAPUKAIJA
KALA
KILPIKONNA
LEHMÄ
ELÄINLÄÄKÄRI

63 - Aviões

G	F	Y	Q	F	I	Z	R	A	M	S	V	V	Y
W	P	T	Ä	Ä	S	O	A	T	N	U	U	S	R
Z	K	Q	N	A	A	U	K	A	O	M	J	S	K
J	A	E	I	J	V	F	E	Z	Q	B	I	H	R
V	D	N	A	A	I	N	N	K	O	J	L	L	Ö
M	I	I	Y	T	A	K	T	B	R	H	M	W	T
J	O	A	E	S	T	S	A	E	F	O	A	I	S
Z	G	O	Y	U	Z	N	M	L	U	F	K	W	I
L	I	T	T	K	S	A	I	R	O	T	S	I	H
A	V	T	E	T	S	K	N	T	D	L	V	W	E
S	A	L	V	A	O	N	E	N	I	A	M	L	I
K	N	O	P	M	J	R	N	S	J	P	F	S	M
U	K	P	R	J	C	V	I	T	T	O	L	I	P
S	E	I	K	K	A	I	L	U	W	Y	W	P	Y

KORKEUS
ILMA
LASKU
ILMAINEN
SEIKKAILU
TAIVAS
POLTTOAINE
RAKENTAMINEN
SUUNTA
VETY
HISTORIA
MOOTTORI
NAVIGOIDA
MATKUSTAJA
PILOTTI
SÄÄ
MIEHISTÖ

64 - Tipos de Cabelo

T	T	A	R	A	H	I	K	U	V	Y	I	Q	V
B	O	T	U	V	S	W	J	P	O	O	M	N	A
D	Z	S	S	I	F	O	Ä	Z	A	O	O	U	L
H	O	U	K	U	H	P	V	I	A	K	F	G	K
Z	O	M	E	K	N	U	Ä	D	M	A	S	V	O
Q	T	P	A	T	E	N	T	G	R	Y	V	U	I
E	A	M	E	V	N	O	L	V	A	Y	K	T	N
Q	B	A	D	A	I	S	I	S	H	J	M	T	E
P	I	T	K	Ä	L	K	I	H	A	R	A	O	N
T	J	U	P	Q	L	K	K	Q	R	T	E	N	Q
N	R	H	M	F	I	D	A	K	I	O	L	U	I
F	T	O	E	E	R	J	D	L	S	S	A	P	Z
P	E	H	M	E	Ä	H	Y	G	J	L	A	L	K
J	O	V	I	E	V	R	E	T	D	U	V	O	G

VALKOINEN
KIILTÄVÄ
KIHARAT
KALJU
HARMAA
VÄRILLINEN
KIHARA
OHUT
PAKSU
VAALEA
PITKÄ
RUSKEA
HOPEA
MUSTA
TERVE
KUIVA
PEHMEÄ
PUNOTTU
PUNOS

65 - Formas

P	H	J	Y	H	K	Q	Y	S	L	O	Y	Q	O
I	R	A	A	K	Ä	P	M	J	Ö	I	L	E	N
S	J	I	B	D	Y	I	P	Y	M	M	N	L	O
P	S	L	S	N	R	R	Y	P	O	L	L	J	I
I	K	E	R	M	Ä	E	R	J	N	U	L	H	A
L	U	B	F	I	A	T	Ä	Z	I	K	I	E	E
L	U	R	W	U	H	N	L	S	K	A	K	K	K
E	T	E	O	Z	F	I	G	I	U	R	N	V	I
O	I	P	O	K	U	L	M	A	L	O	S	K	O
G	O	Y	B	T	M	Y	L	W	M	U	I	O	S
G	S	H	S	E	J	S	I	G	I	S	D	L	D
K	A	R	T	I	O	L	I	W	O	Z	E	M	W
A	I	M	N	A	H	R	C	V	C	T	C	I	K
S	L	V	P	P	Y	R	A	M	I	D	I	O	J

KAARI
KULMA
SYLINTERI
YMPYRÄ
KARTIO
KUUTIO
KÄYRÄ
ELLIPSI
HYPERBELI
SIDE
LINJA
SOIKEA
PYRAMIDI
MONIKULMIO
PRISMA
NELIÖ
SUORAKULMIO
KOLMIO

66 - Criatividade

Z	E	I	A	V	U	K	O	U	T	V	U	O	N
T	M	N	J	I	N	E	I	C	F	A	U	G	H
U	I	T	Q	N	T	A	T	I	O	I	S	I	V
N	E	E	O	A	F	O	I	R	S	K	I	R	U
N	L	N	I	A	V	Z	U	Q	E	U	A	Y	E
E	I	S	O	T	I	A	T	S	L	T	M	S	L
B	K	I	P	N	I	U	N	S	K	E	L	S	I
S	U	T	I	O	N	N	I	U	E	L	I	G	N
M	V	E	D	P	A	O	K	H	Y	M	L	K	V
U	I	E	W	S	I	Y	W	U	S	A	Y	V	O
P	T	T	K	E	K	S	E	L	I	Ä	S	C	I
C	U	T	J	U	O	K	S	E	V	U	U	S	M
E	S	I	L	E	V	U	G	O	P	J	D	L	A
J	Y	T	A	I	T	E	E	L	L	I	N	E	N

TAITEELLINEN
AITOUS
SELKEYS
SPONTAANI
ILMAISU
JUOKSEVUUS
TAITO
KUVA
MIELIKUVITUS
VAIKUTELMA
INNOITUS
INTENSITEETTI
INTUITIO
KEKSELIÄS
TUNNE
VISIOITA
ELINVOIMA

67 - Dias e Meses

K	P	V	M	O	I	R	E	T	N	E	L	A	K
L	U	E	U	V	R	W	F	R	R	T	A	S	S
O	U	U	R	O	K	K	I	I	V	A	U	U	Y
K	K	T	K	J	S	K	P	J	U	M	A	N	Y
A	Ä	Q	D	A	A	I	S	G	U	M	N	N	S
K	S	M	V	F	U	N	L	N	K	I	T	U	K
U	E	S	G	K	S	S	T	Q	Ä	K	A	N	U
U	K	Z	L	R	W	L	I	A	N	U	I	T	U
J	O	U	L	U	K	U	U	F	I	U	N	A	E
H	E	L	M	I	K	U	U	Y	E	M	W	I	L
Q	K	N	R	U	U	K	I	T	H	U	H	Y	O
M	A	A	N	A	N	T	A	I	L	E	V	B	K
M	A	R	R	A	S	K	U	U	F	L	N	R	U
T	O	R	S	T	A	I	A	T	S	I	I	T	U

HUHTIKUU
ELOKUU
VUOSI
KALENTERI
JOULUKUU
SUNNUNTAI
HELMIKUU
TAMMIKUU
HEINÄKUU
KESÄKUU
KUUKAUSI
MARRASKUU
LOKAKUU
TORSTAI
LAUANTAI
MAANANTAI
VIIKKO
SYYSKUU
PERJANTAI
TIISTAI

68 - Saúde e Bem Estar #2

H	F	V	U	S	R	S	L	K	U	L	I	G	J
Y	B	J	R	U	R	U	I	J	L	P	N	E	J
G	G	O	V	T	A	A	U	Y	S	B	F	N	E
I	W	A	L	A	A	R	I	A	S	I	E	E	K
E	R	R	Y	L	L	I	D	O	U	D	K	T	R
N	I	S	K	U	Z	A	K	B	M	E	T	I	U
I	E	O	A	S	M	S	I	R	E	V	I	I	O
A	V	Q	L	N	G	S	K	L	B	L	O	K	K
I	R	O	L	A	K	H	B	K	E	H	O	K	A
U	E	N	E	O	J	Z	W	F	Q	I	H	A	V
R	T	I	R	U	R	G	K	B	D	O	M	C	A
J	A	A	G	R	H	I	E	R	O	N	T	A	L
P	W	P	I	N	M	E	N	E	R	G	I	A	I
E	V	C	A	I	M	O	T	A	N	A	R	H	O

ALLERGIA
ANATOMIA
KALORI
KEHO
RUOKAVALIO
RUOANSULATUS
SAIRAUS
ENERGIA
GENETIIKKA
HYGIENIA
SAIRAALA
MIELIALA
INFEKTIO
HIERONTA
PAINO
VERI
TERVE

69 - Geografia

I	Y	M	E	L	U	K	V	L	A	H	P	K	V
R	C	L	A	N	Ä	Z	A	R	J	V	O	O	U
A	L	U	E	A	G	N	R	G	O	B	H	R	O
A	M	Ä	M	C	N	K	S	L	K	Q	J	K	R
S	K	L	E	P	E	O	A	I	I	H	O	E	I
B	A	E	I	U	K	F	S	S	R	G	I	U	V
B	R	T	O	A	L	P	R	A	E	A	N	S	A
J	T	E	W	Y	A	A	K	L	M	Z	E	N	L
K	T	G	M	J	H	M	Y	T	C	I	N	H	T
A	A	P	I	T	U	U	S	A	S	T	E	P	A
M	A	A	S	S	A	T	L	P	J	T	R	Q	M
B	I	Z	K	A	U	P	U	N	K	I	Y	R	E
M	E	R	I	D	I	A	A	N	I	B	M	J	R
L	E	V	E	Y	S	A	S	T	E	L	P	G	I

KORKEUS
ATLAS
KAUPUNKI
MAANOSA
HALVKULE
SAARI
LEVEYSASTE
PITUUSASTE
KARTTA
MERI
MERIDIAANI
VUORI
MAAILMA
POHJOINEN
VALTAMERI
LÄNSI
MAASSA
ALUE
JOKI
ETELÄ

70 - Antártica

M	L	S	G	V	U	N	I	K	A	J	V	V	M
N	U	V	V	T	Q	J	I	C	Y	Ä	E	V	A
C	E	U	Z	W	I	M	R	E	E	Ä	S	Y	A
R	D	Y	T	E	R	A	A	S	M	N	I	I	N
E	E	F	G	T	K	K	A	W	L	I	J	I	O
E	I	T	J	G	O	W	C	K	T	T	M	L	S
R	T	V	K	E	Q	D	T	S	L	H	M	A	A
B	N	W	L	I	V	A	L	A	S	A	H	A	A
S	A	Q	Z	V	K	E	Z	I	W	L	K	R	C
I	A	J	I	K	T	U	T	K	N	F	M	E	C
I	M	E	T	E	N	E	N	I	V	I	K	N	G
N	E	N	I	L	L	E	E	T	E	I	T	I	L
Y	M	P	Ä	R	I	S	T	Ö	A	T	S	M	W
S	Ä	I	L	Y	T	T	Ä	M	I	N	E	N	L

YMPÄRISTÖ
VESI
LAHTI
VALAS
TIETEELLINEN
SÄILYTTÄMINEN
MAANOSA
RETKIKUNTA
ISBREER
JÄÄN
MAANTIEDE
SAARET
TUTKIJA
MUUTTO
MINERAALI
NIEMIMAA
KIVINEN

71 - Flores

H	O	Z	A	L	T	L	I	I	L	A	M	R	M
I	A	G	U	L	A	E	D	I	K	R	O	O	A
B	Y	M	R	I	R	V	R	A	S	C	M	L	G
I	S	S	I	L	A	J	E	Ä	R	T	V	K	N
S	F	P	N	J	K	V	U	N	L	N	R	Z	O
C	W	L	G	A	K	O	R	S	T	E	S	Z	L
U	J	U	O	S	A	I	Z	J	T	E	H	S	I
S	A	M	N	O	K	K	I	N	U	Y	L	T	A
V	S	E	K	Z	N	U	S	U	U	R	Q	I	I
G	M	R	U	R	Ä	K	J	B	A	K	J	N	W
T	I	I	K	I	V	K	G	A	T	L	J	O	S
H	I	A	K	C	I	A	C	Q	T	G	I	I	K
U	N	N	A	U	Ä	K	I	M	P	P	U	P	P
Q	I	G	P	L	P	G	A	R	D	E	N	I	A

KIMPPU
VOIKUKKA
GARDENIA
AURINGONKUKKA
HIBISCUS
JASMIINI
LAVENTELI
LIILA
LILJA
MAGNOLIA
PÄIVÄNKAKKARA
ORKIDEA
UNIKKO
PIONI
TERÄLEHTI
PLUMERIA
RUUSU
APILA

72 - Fazenda #1

V	K	I	W	K	Y	Q	R	K	J	A	G	P	H
E	O	H	E	I	N	Ä	V	I	I	A	A	R	U
S	I	B	Ä	S	Y	H	A	K	I	S	N	I	N
I	R	A	T	W	A	G	S	B	H	S	S	T	A
M	A	A	T	I	A	F	I	Z	O	O	I	A	J
E	H	N	N	H	U	Y	K	O	U	C	Z	C	A
H	U	A	E	Y	H	H	K	M	V	A	A	S	I
I	H	K	K	N	U	N	A	L	E	H	M	Ä	G
L	I	G	S	U	O	L	A	T	A	A	M	H	Q
Ä	Q	N	J	U	I	V	A	R	I	S	M	A	B
I	N	K	Z	I	B	S	E	Y	V	Y	V	M	A
N	J	P	I	Q	S	E	I	H	R	P	U	M	E
E	T	I	O	N	N	A	L	W	A	R	A	I	H
N	R	D	I	Q	I	Y	R	R	P	P	D	L	G

MEHILÄINEN
MAATALOUS
RIISI
VESI
VASIKKA
AASI
VUOHI
KENTTÄ
HEVONEN
KOIRA
AITA
VARIS
HEINÄ
LANNOITE
KANA
KISSA
HUNAJA
SIKA
PARVI
LEHMÄ

73 - Livros

P	A	M	L	E	O	K	O	K	W	I	Q	O	K
P	W	Z	J	U	V	I	N	A	A	M	O	R	K
U	A	Q	P	E	K	N	E	N	I	P	P	E	E
A	J	K	T	A	E	I	R	I	S	G	U	J	K
O	O	S	I	V	U	A	J	R	A	S	A	H	S
R	T	Q	Y	K	E	M	S	A	U	J	D	J	E
U	R	W	Q	Y	J	C	Y	T	A	N	A	S	L
N	E	K	Z	I	T	S	K	E	T	N	O	K	I
O	K	A	K	S	I	N	A	I	S	U	U	S	Ä
U	S	E	I	K	K	A	I	L	U	Q	D	U	S
S	M	E	R	K	K	I	P	S	F	T	B	W	O
B	U	V	T	E	K	I	J	Ä	M	Q	N	U	Q
S	K	R	I	F	T	L	I	G	N	V	O	R	R
R	E	L	E	V	A	A	N	T	I	A	R	H	K

TEKIJÄ
SEIKKAILU
KOKOELMA
KONTEKSTI
KAKSINAISUUS
SKRIFTLIG
EEPPINEN
TARINA
KEKSELIÄS
LUKIJA
KERTOJA
SANAT
SIVU
MERKKI
RUNO
RUNOUS
RELEVAANTIA
ROMAANI
SARJA

74 - Chocolate

H	K	S	I	T	O	S	K	E	J	K	L	M	Y
J	E	A	M	A	A	P	Ä	H	K	I	N	Ä	T
Ä	Z	R	R	D	R	Z	D	U	D	A	K	A	T
D	A	E	K	A	M	B	Y	A	U	I	P	R	Ø
Ö	S	K	E	U	M	E	W	J	M	N	T	T	N
Y	U	T	A	A	L	E	T	U	A	E	H	I	S
S	F	A	I	Y	E	L	L	A	K	S	K	S	O
K	O	K	T	E	V	I	I	L	U	O	A	A	K
A	A	K	P	H	O	I	M	N	I	S	L	N	O
A	R	R	E	V	R	S	O	H	E	A	O	A	K
K	T	I	S	R	B	Z	R	Z	U	N	R	L	G
A	S	Q	E	N	I	F	A	R	M	J	I	G	W
O	R	Z	R	S	U	O	S	I	K	K	I	N	V
V	O	E	U	V	D	Y	L	N	F	T	Q	Z	C

SOKERI
KATKERA
MAAPÄHKINÄT
AROMI
ARTISANAL
KAAKAO
KALORI
KARAMELLI
KOKOSNØTT
SYÖDÄ
HERKULLINEN
MAKEA
EKSOTISK
SUOSIKKI
MAKU
AINESOSA
JAUHE
LAATU
RESEPTI

75 - Governo

K	A	N	S	A	L	A	I	S	U	U	S	V	P
P	K	D	T	B	V	V	B	U	I	H	O	A	U
O	E	J	E	A	E	M	E	A	U	I	S	L	H
L	S	Z	O	M	S	C	F	P	D	O	Y	T	E
I	K	M	U	H	O	A	Q	A	R	L	M	I	V
T	U	O	U	E	T	K	A	V	A	A	B	O	S
I	S	N	W	P	J	A	R	R	W	K	O	Y	R
I	T	U	B	I	V	M	J	A	V	I	L	N	V
K	E	M	N	I	E	S	D	A	T	O	I	D	Q
K	L	E	H	V	S	U	I	L	I	I	V	I	S
A	U	N	E	N	I	L	L	A	H	U	A	R	S
S	A	T	O	I	K	E	U	S	P	I	I	R	I
P	O	T	K	A	N	S	A	K	U	N	T	A	E
U	G	I	L	S	T	T	E	R	N	O	P	C	N

KANSALAISUUS
SIVIILI-
DEMOKRATIA
PUHE
KESKUSTELU
PIIRI
VALTIO
TASA-ARVO
RETTSLIG
OIKEUS
LAKI
VAPAUS
JOHTAJA
MONUMENTTI
KANSAKUNTA
RAUHALLINEN
POLITIIKKA
SYMBOLI

76 - Jardinagem

B	O	K	L	C	Ö	U	P	P	M	I	K	F	H
E	K	S	O	T	I	S	K	I	Z	L	U	Y	G
V	E	S	I	I	L	S	Y	T	G	A	K	I	L
K	R	Q	T	J	I	T	Y	S	E	E	K	Z	S
O	W	M	H	A	Ä	G	Q	Ö	O	L	A	I	I
S	L	W	E	L	S	N	E	I	T	H	E	L	E
T	Q	O	L	K	A	U	S	I	S	Ä	L	B	M
E	M	R	N	L	O	R	M	V	A	Y	V	Z	E
U	T	V	U	U	G	D	W	J	M	K	M	Ä	N
S	P	F	U	E	K	F	P	H	L	D	K	V	E
Ä	R	E	P	A	A	M	Y	J	I	Y	T	P	T
H	E	D	E	L	M	Ä	T	A	R	H	A	F	S
Z	K	O	M	P	O	S	T	I	I	C	Q	F	V
J	V	J	R	V	Q	C	N	Y	S	F	D	B	G

VESI
KIMPPU
ILMASTO
SYÖTÄVÄ
KOMPOSTI
LAJIT
EKSOTISK
KUKKA
PUUN LEHTI
LEHTIEN
LETKU
HEDELMÄTARHA
SÄILIÖ
KAUSI
SIEMENET
MAAPERÄ
LIKA
KOSTEUS

77 - Profissões #2

H	B	P	I	L	O	T	T	I	Z	T	V	P	K
Y	A	I	G	R	U	R	I	K	U	O	A	O	E
C	K	M	O	H	R	M	I	T	T	I	L	L	K
B	Z	U	M	L	U	M	F	I	U	M	O	I	S
A	V	Z	P	A	O	Z	U	R	T	I	K	I	I
B	Q	F	P	O	S	G	P	C	K	T	U	T	J
Ä	J	I	L	E	J	L	I	V	I	T	V	I	Ä
L	Ä	Ä	K	Ä	R	I	Ä	J	J	A	A	K	E
F	I	L	O	S	O	F	I	Ä	A	J	A	K	T
Y	A	J	A	T	T	I	V	U	K	A	J	O	S
K	U	S	T	A	N	T	A	J	A	Ä	A	B	I
A	S	T	R	O	N	A	U	T	T	I	R	R	V
T	A	I	D	E	M	A	A	L	A	R	I	I	Ä
V	Y	S	I	N	S	I	N	Ö	Ö	R	I	T	W

VILJELIJÄ
ASTRONAUTTI
BIOLOGI
KIRURGI
HAMMASLÄÄKÄRI
ETSIVÄ
KUSTANTAJA
INSINÖÖRI
FILOSOFI
VALOKUVAAJA
KUVITTAJA
KEKSIJÄ
TUTKIJA
TOIMITTAJA
LÄÄKÄRI
PILOTTI
TAIDEMAALARI
POLIITIKKO

78 - Negócios

B	S	T	D	T	Y	D	O	V	T	T	T	M	T
S	U	B	A	R	U	S	Z	A	O	Y	A	Y	Y
I	N	D	L	V	Y	T	S	L	I	Ö	L	Y	Ö
J	N	M	S	E	A	V	Q	U	M	N	O	M	N
O	A	Y	A	J	U	R	Y	U	I	A	U	Ä	T
I	T	Y	D	N	E	O	A	T	S	N	S	L	E
T	S	N	H	T	T	T	N	T	T	T	B	Ä	K
U	U	T	E	H	V	T	T	A	O	A	P	S	I
S	K	I	T	J	Z	I	H	O	C	J	L	I	J
E	T	B	O	Y	Ö	O	S	L	R	A	P	T	Ä
W	Q	D	A	U	I	V	H	U	M	E	V	Z	R
R	A	H	O	I	T	U	S	T	N	Z	V	Q	A
L	Z	J	W	K	H	N	R	V	Z	H	A	G	H
M	Z	M	K	D	Y	W	S	U	N	N	E	L	A

URA
KUSTANNUS
ALENNUS
RAHA
TALOUS
TYÖNTEKIJÄ
TYÖNANTAJA
YHTIÖ
TOIMISTO
TEHDAS
RAHOITUS
VEROT
SIJOITUS
MYYMÄLÄ
VOITTO
TAVARA
VALUUTTA
BUDSJETT
TULO
MYYNTI

79 - Fazenda #2

V	H	L	D	L	F	A	R	H	O	T	I	A	M
I	K	E	A	O	J	D	T	E	M	I	Ä	L	E
L	P	A	D	A	H	U	P	D	J	U	V	C	H
J	A	K	S	E	M	V	K	E	I	P	I	R	I
E	I	Y	Z	T	L	A	C	L	W	B	H	F	L
L	M	P	Z	H	E	M	M	M	J	L	A	D	Ä
I	E	S	S	J	O	L	Ä	Ä	W	A	N	I	I
J	N	Ä	B	J	I	I	U	T	S	T	N	R	S
Ä	K	A	R	I	T	S	A	Y	A	O	E	O	P
V	E	H	N	Ä	C	I	I	Z	M	R	S	T	E
N	I	I	T	T	Y	L	E	G	M	O	H	K	S
H	P	W	M	A	I	S	S	I	A	P	C	A	Ä
F	N	Q	L	K	Z	W	H	M	L	Z	T	R	T
M	B	C	Z	F	A	N	K	K	A	E	E	T	C

VILJELIJÄ
ELÄIMET
LATO
OHRA
MEHILÄISPESÄ
KARITSA
HEDELMÄ
KASTELU
MAITO
LAAMA
KYPSÄ
MAISSI
LAMMAS
PAIMEN
ANKKA
HEDELMÄTARHA
NIITTY
TRAKTORI
VEHNÄ
VIHANNES

80 - Jardim

P	B	U	B	E	I	T	S	I	U	K	U	H	H
U	O	T	D	F	I	L	Z	M	B	G	H	C	E
S	T	R	A	M	P	O	L	I	I	N	I	S	D
K	Z	W	Q	G	M	V	U	A	W	E	U	S	E
A	P	U	U	T	A	R	H	A	T	I	A	E	L
L	A	P	I	O	L	I	U	M	V	O	F	R	M
R	I	I	P	P	U	M	A	T	T	O	T	G	Ä
A	J	W	O	M	A	A	P	E	R	Ä	B	U	T
R	K	W	H	N	D	R	I	L	E	T	K	U	A
A	V	K	O	V	B	D	V	W	U	I	Y	W	R
K	E	U	U	U	P	E	N	K	K	I	C	F	H
E	K	B	R	K	V	T	E	R	A	S	S	I	A
N	H	G	F	N	U	R	M	I	K	K	O	V	O
Z	V	W	Q	Q	G	J	M	W	F	F	E	V	L

RAKE
PUSKA
PUU
PENKKI
AITA
UGRESS
KUKKA
AUTOTALLI
RUOHO
NURMIKKO
PUUTARHA
LAMPI
RIIPPUMATTO
LETKU
LAPIO
HEDELMÄTARHA
MAAPERÄ
TERASSI
TRAMPOLIINI
KUISTI

81 - Política

Z	S	T	R	M	B	K	H	Q	P	P	A	H	M
O	T	S	O	V	U	E	N	K	O	O	A	A	D
T	E	S	J	L	R	L	J	A	L	L	T	L	G
N	A	K	K	I	I	T	E	M	I	I	N	L	A
U	V	S	U	A	P	A	V	P	I	T	I	I	E
S	E	W	A	F	G	K	Y	A	T	I	L	T	H
U	N	G	U	A	L	C	R	N	I	I	A	U	D
A	N	C	U	D	R	I	T	J	K	K	V	S	O
L	T	P	I	M	B	V	S	A	K	K	E	U	K
K	O	M	I	T	E	A	O	U	O	A	R	M	A
S	T	R	A	T	E	G	I	A	O	P	O	G	S
A	K	T	I	V	I	S	T	I	Y	S	T	G	L
K	A	N	S	A	L	L	I	N	E	N	I	C	V
N	V	O	I	T	T	O	E	I	O	H	B	O	E

AKTIVISTI
KAMPANJA
EHDOKAS
KOMITEA
NEUVOSTO
VALINTA
STRATEGIA
ETIIKKA
HALLITUS
TASA-ARVO
VEROT
VAPAUS
KANSALLINEN
LAUSUNTO
POLITIIKKA
POLIITIKKO
SUOSIO
VOITTO

82 - Oceano

D	Q	I	N	U	V	P	M	R	D	K	M	R	U
C	I	O	S	L	A	I	O	I	N	I	U	T	S
Y	O	H	R	P	L	I	S	U	B	L	S	C	Y
H	K	G	A	V	A	N	T	T	H	P	T	T	T
Z	S	M	P	K	S	I	E	T	T	I	E	U	I
B	T	B	U	A	P	I	R	A	Z	K	K	V	D
T	Ä	V	E	L	J	F	I	D	D	O	A	A	E
V	U	O	H	A	A	L	O	U	S	N	L	R	C
B	E	N	N	A	V	E	D	I	T	N	A	A	Z
C	A	N	F	R	I	D	Y	G	Z	A	W	K	U
D	K	W	E	I	L	L	A	R	O	K	Q	T	A
A	S	E	S	T	S	A	I	R	E	K	N	A	E
T	D	E	N	W	Y	K	S	R	Y	M	R	K	T
S	M	A	N	E	T	S	I	E	N	I	H	A	I

LEVÄT
TUNFISK
VALAS
VENE
KATKARAVUT
RAPU
KORALLI
ANKERIAS
SIENI
DELFIINI
TIDEVANN
MANET
OSTERI
KALA
MUSTEKALA
RIUTTA
SUOLA
KILPIKONNA
MYRSKY
HAI

83 - Profissões #1

K	J	G	U	P	F	I	J	J	P	V	A	R	M
A	U	E	E	H	B	F	C	W	S	T	Q	Ä	E
M	T	L	I	O	Z	V	A	B	Y	P	H	Ä	R
R	I	T	T	B	L	Z	R	F	K	A	O	T	I
E	E	A	S	A	H	O	M	H	O	L	I	Ä	M
D	D	N	I	J	S	D	G	O	L	O	T	L	I
A	E	S	N	I	G	E	C	I	O	M	A	Ö	E
K	M	S	A	L	W	Y	P	N	G	I	J	I	S
T	I	I	I	I	Q	J	I	P	I	E	A	D	B
Ø	E	J	P	E	K	Y	L	D	Ä	S	Q	Ä	Y
R	S	A	G	T	M	U	U	S	I	K	K	O	W
I	O	L	H	I	R	I	I	K	K	N	A	P	F
F	U	F	S	A	J	A	J	A	N	A	I	S	A
W	Ä	J	Ä	T	S	Ä	S	T	E	M	U	T	A

ASIANAJAJA
RÄÄTÄLÖIDÄ
TAITEILIJA
PANKKIIRI
PALOMIES
METSÄSTÄJÄ
TIEDEMIES
TANSSIJA
REDAKTØR
HOITAJA
GEOLOGI
KULTASEPPÄ
MERIMIES
MUUSIKKO
PIANISTI
PSYKOLOGI

84 - Força e Gravidade

A	Y	U	E	A	L	M	P	F	Z	E	I	M	M
M	K	O	N	I	A	P	T	G	Ö	T	Y	Ö	L
V	A	S	J	K	H	C	E	N	E	Ä	R	O	Y
A	K	G	E	A	G	A	K	K	I	I	S	Y	F
I	Y	I	N	L	C	N	I	P	K	S	U	Y	N
K	N	N	T	E	I	E	I	A	H	Y	U	J	O
U	Q	Z	L	K	T	N	L	I	P	Y	R	K	P
T	J	C	D	D	A	I	M	N	K	S	U	E	E
U	Z	H	I	Q	S	M	S	E	S	J	U	S	U
S	S	P	B	P	M	A	I	M	L	I	S	K	S
S	U	N	N	E	J	A	A	L	I	G	W	U	N
Ö	T	S	I	E	T	N	I	I	K	N	R	S	M
H	A	C	M	C	E	Y	O	Q	K	V	E	T	P
O	N	T	C	Y	D	D	F	F	U	J	Z	A	L

KITKA
KESKUSTA
LÖYTÖ
DYNAAMINEN
ETÄISYYS
AKSELI
LAAJENNUS
FYSIIKKA
VAIKUTUS
MAGNETISMI
SUURUUS
LIIKE
PAINO
PAINE
KIINTEISTÖ
NOPEUS
AIKA

85 - Ciência

B	J	H	E	I	L	I	I	S	S	O	F	H	P
U	D	I	M	O	T	A	E	Y	B	R	M	A	A
Q	N	U	I	Z	T	T	N	K	J	G	E	V	I
O	Y	K	H	L	V	N	I	F	W	A	N	A	N
T	D	S	N	C	M	J	O	S	U	N	E	I	O
O	E	E	C	C	B	A	T	U	Q	I	T	N	V
S	T	T	U	U	A	H	S	B	L	S	E	T	O
I	K	A	S	V	I	T	N	T	K	M	L	O	I
A	T	I	E	D	O	T	V	L	O	I	M	S	M
S	M	I	N	E	R	A	A	L	I	L	Ä	I	A
I	F	Y	S	I	I	K	K	A	H	R	T	R	N
A	T	I	E	D	E	M	I	E	S	J	E	P	J
L	A	B	O	R	A	T	O	R	I	O	M	A	G
M	O	L	E	K	Y	Y	L	I	Z	J	O	K	Y

ATOMI
TIEDEMIES
ILMASTO
TIEDOT
TOSIASIA
FYSIIKKA
FOSSIILI
PAINOVOIMA
LABORATORIO
MENETELMÄ
MINERAALI
MOLEKYYLI
LUONTO
HAVAINTO
ORGANISMI
HIUKSET
KASVIT

86 - Comida #1

Q	Ä	N	I	K	H	Ä	P	A	A	M	O	J	L
N	A	U	R	I	S	C	I	A	K	R	H	H	E
O	J	H	K	O	Z	D	N	R	I	S	R	U	I
Q	P	E	C	K	O	J	A	V	L	I	A	A	Z
P	O	M	L	F	A	Q	A	A	I	P	G	A	W
G	I	L	E	N	A	K	T	L	S	U	U	N	Q
V	S	H	U	M	S	H	T	K	A	L	O	U	S
E	O	T	I	A	M	V	I	O	B	I	C	U	C
P	O	R	K	K	A	N	A	S	J	R	I	R	R
P	K	S	I	F	N	U	T	I	Y	E	J	T	F
U	I	M	Y	H	Y	T	P	P	Y	K	B	I	W
S	R	C	A	U	H	Y	O	U	M	O	V	S	R
W	P	A	I	T	T	A	A	L	A	S	B	T	W
E	A	U	B	B	A	K	K	I	S	N	A	M	L

SOKERI
VALKOSIPULI
MAAPÄHKINÄ
TUNFISK
KAKKU
KANELI
SIPULI
PORKKANA
OHRA
APRIKOOSI
PINAATTI
MAITO
SITRUUNA
BASILIKA
MANSIKKA
NAURIS
SUOLA
SALAATTI
SUPPE
MEHU

87 - Geometria

T	T	S	U	E	K	R	O	K	K	R	L	U	C
I	E	O	P	J	L	U	G	A	P	I	A	L	K
F	N	O	M	M	N	C	L	M	O	N	S	O	O
H	O	Ä	R	Y	P	M	Y	M	T	N	K	T	L
N	A	K	K	I	I	G	O	L	A	A	E	T	M
V	Z	R	N	D	A	T	N	I	P	K	M	U	I
M	E	D	I	A	A	N	I	J	W	K	I	V	O
H	A	L	K	A	I	S	I	J	A	A	N	U	E
Y	V	A	A	K	A	M	K	K	S	I	E	U	G
R	H	K	R	Q	C	A	Ä	V	T	N	N	S	U
H	H	T	A	W	I	S	Y	G	C	E	C	J	F
K	O	J	Ä	N	Q	S	R	A	D	N	N	L	I
I	S	D	K	L	F	A	Ä	W	C	F	Y	D	D
C	A	J	L	H	Ö	L	O	D	D	R	E	T	T

KORKEUS
KULMA
LASKEMINEN
YMPYRÄ
KÄYRÄ
HALKAISIJA
ULOTTUVUUS
YHTÄLÖ
VAAKA
LOGIIKKA
MASSA
MEDIAANI
RINNAKKAINEN
OSA
PINTA
TEORIA
KOLMIO
LODDRETT

88 - Pássaros

S	T	R	U	T	S	I	Z	M	U	N	A	V	Q
C	Z	A	P	I	N	G	V	I	I	N	I	A	V
N	L	G	U	F	I	R	A	N	A	K	W	R	N
H	K	P	P	L	K	A	R	A	N	A	K	P	V
D	A	Y	O	M	J	N	L	A	H	J	Z	U	A
B	M	N	Y	F	N	K	B	K	A	O	B	N	R
Q	K	P	H	H	D	K	D	I	I	U	A	E	I
K	Ä	K	I	I	K	A	D	L	K	T	Y	N	S
Q	I	S	N	V	D	Y	T	E	A	S	R	E	Z
K	R	C	R	Q	C	L	N	P	R	E	G	T	V
S	O	I	B	M	I	I	R	E	A	N	V	F	H
R	S	T	L	O	K	K	I	I	N	F	H	R	H
V	Q	K	K	F	L	A	M	I	N	G	O	F	J
P	D	Z	Y	A	P	A	P	U	K	A	I	J	A

STRUTSI
KOTKA
KANARIFUGL
HAIKARA
JOUTSEN
VARIS
KÄKI
FLAMINGO
KANA
LOKKI
HANHI
MUNA
PAPUKAIJA
VARPUNEN
ANKKA
PELIKAANI
PINGVIINI
KYYHKYNEN

89 - Literatura

M	Q	W	Y	L	A	R	O	F	A	T	E	M	K
N	B	Ä	U	F	I	S	Y	Y	L	A	N	A	E
W	F	J	F	Q	Z	D	Q	T	V	D	K	V	R
A	L	I	L	Y	Y	T	S	H	M	T	C	N	T
T	N	K	K	D	I	A	L	O	G	I	O	S	O
R	D	E	Y	T	P	Ä	Ä	T	E	L	M	Ä	J
E	D	T	H	P	I	B	J	I	W	V	L	I	A
K	W	I	R	E	N	O	T	N	U	S	U	A	L
Ä	U	S	L	S	L	N	T	A	F	R	I	I	S
M	K	V	N	R	Q	U	H	A	S	E	M	A	Z
Ä	I	A	A	N	Y	R	M	M	T	E	E	M	A
L	Z	O	Q	U	A	I	G	O	L	A	N	A	N
E	C	L	R	I	S	C	F	R	D	L	H	V	Y
P	U	H	M	Z	L	V	E	R	T	A	I	L	U

ANALOGIA
ANALYYSI
TEKIJÄ
ELÄMÄKERTA
VERTAILU
PÄÄTELMÄ
KUVAUS
DIALOG
TYYLI
FIKTIOTA
METAFORA
KERTOJA
LAUSUNTO
RUNO
RYTMI
ROMAANI
TEEMA

90 - Química

E	K	A	T	A	L	Y	S	A	T	O	R	E	E
A	L	O	U	S	A	J	W	H	H	F	Z	M	N
D	D	E	L	Ä	M	P	Ö	T	I	L	A	Ä	T
A	Ö	P	M	Ä	L	S	H	A	P	P	I	K	S
M	Q	H	C	E	R	N	Y	J	U	U	H	S	Y
I	O	N	I	S	N	Y	N	E	S	T	E	I	Y
L	N	I	N	V	U	T	K	N	A	G	Z	N	M
Y	I	D	O	B	B	E	I	Q	A	H	R	E	I
Y	A	Y	R	T	F	V	R	T	K	G	P	N	H
K	P	D	T	L	C	H	O	P	P	A	H	B	I
E	S	B	K	D	A	L	O	L	C	F	G	K	I
L	N	O	E	Z	H	G	L	P	P	V	V	Q	L
O	W	W	L	C	Z	H	K	Q	F	W	M	E	I
M	I	L	E	O	R	G	A	A	N	I	N	E	N

EMÄKSINEN
HAPPO
LÄMPÖ
HIILI
KATALYSATOR
KLOORI
ELEMENTIT
ELEKTRONI
ENTSYYMI
KAASU
VETY
IONI
NESTE
MOLEKYYLI
YDIN
ORGAANINEN
HAPPI
PAINO
SUOLA
LÄMPÖTILA

91 - Clima

T	I	U	O	L	T	P	T	U	G	Y	C	V	V
R	L	K	V	Ä	D	A	O	C	Y	M	Q	Y	M
O	M	K	Z	M	M	K	I	L	M	O	I	P	O
O	A	O	I	P	H	U	U	V	A	C	R	D	N
P	S	N	W	Ö	U	I	C	H	A	R	A	M	S
P	T	E	R	T	R	V	F	K	A	S	A	P	U
I	O	N	S	I	R	U	M	Y	R	S	K	Y	U
N	B	Ä	A	L	I	U	M	S	T	T	N	T	N
E	G	Ä	L	A	K	S	R	U	C	U	E	O	I
N	U	J	A	V	A	A	K	J	S	U	E	R	V
T	Q	A	M	I	A	M	R	V	F	L	T	N	L
D	O	D	A	U	N	A	D	E	D	I	A	A	I
J	K	R	U	K	I	K	T	H	K	O	S	D	P
I	L	M	A	I	N	E	N	E	G	R	H	O	S

SATEENKAARI
ILMAINEN
TAIVAS
ILMASTO
HURRIKAANI
JÄÄN
MONSUUNI
SUMU
PILVI
POLAR
SALAMA
KUIVUUS
KUIVA
LÄMPÖTILA
MYRSKY
TORNADO
TROOPPINEN
UKKONEN
TUULI

92 - Tecnologia

T	M	A	V	I	E	S	T	I	F	F	B	T	G
S	I	N	T	U	T	K	I	M	U	S	L	U	V
A	R	E	M	A	K	O	D	J	P	B	O	R	I
B	Z	N	T	O	T	S	A	L	I	T	G	V	R
C	A	I	T	O	D	E	I	T	B	L	I	A	U
L	F	L	M	T	K	N	Ä	Y	T	T	Ö	L	S
N	I	A	L	E	S	O	D	P	D	N	L	L	I
O	V	A	U	V	A	T	N	F	Y	B	O	I	N
E	G	U	O	T	S	O	D	E	I	T	O	S	T
P	O	T	S	I	M	L	E	J	H	O	N	U	E
K	U	R	S	O	R	I	M	Q	J	H	A	U	R
M	D	I	F	O	N	T	T	I	E	D	H	S	N
S	N	V	A	J	L	Y	Q	Z	E	Z	I	U	E
D	I	G	I	T	A	A	L	I	N	E	N	B	T

TIEDOSTO
BLOGI
TAVUA
KAMERA
TIETOKONE
KURSORI
TIEDOT
DIGITAALINEN
TILASTOT
FONTTI
INTERNET
VIESTI
SELAIN
TUTKIMUS
TURVALLISUUS
OHJELMISTO
NÄYTTÖ
VIRTUAALINEN
VIRUS

93 - Diplomacia

K	B	N	E	N	I	A	M	O	K	L	U	L	Y
U	I	L	E	H	A	L	L	I	T	U	S	Ä	H
Y	O	E	S	U	E	K	I	O	F	K	U	H	T
S	Z	A	L	P	V	T	W	C	Y	B	L	E	E
M	W	K	Z	I	U	O	E	H	E	Y	S	T	I
N	Y	K	R	H	Q	W	N	H	Y	Z	T	Y	S
Y	Q	I	R	C	W	T	O	A	Z	Z	A	S	T
H	H	I	C	Z	I	L	J	S	N	J	J	T	Y
W	I	T	K	I	L	F	N	O	K	T	N	Ö	Ö
U	Z	E	E	B	O	R	G	E	R	E	A	Q	U
J	A	K	K	I	I	T	I	L	O	P	P	J	R
B	N	U	W	I	S	Ö	T	Ä	Ä	P	M	O	A
I	Z	D	Z	H	Z	Ö	F	B	T	C	A	U	Z
R	A	T	K	A	I	S	U	H	R	H	K	T	S

KAMPANJAT
BORGERE
YHTEISÖ
KONFLIKTI
NEUVONANTAJA
YHTEISTYÖ
LÄHETYSTÖ
ULKOMAINEN

ETIIKKA
HALLITUS
EHEYS
OIKEUS
KIELI
POLITIIKKA
PÄÄTÖS
RATKAISU

94 - Esportes

D	C	Y	S	Z	M	J	M	T	P	M	L	J	B
V	B	N	U	T	G	O	L	F	S	E	W	Ä	T
K	O	A	M	V	A	P	E	L	I	S	T	Ä	E
U	V	I	S	E	W	D	Z	S	H	T	U	K	N
N	O	P	T	E	K	I	I	L	O	A	O	I	N
T	I	O	R	T	B	K	O	O	T	R	M	E	I
O	M	L	Y	R	A	A	L	Q	N	U	A	K	S
S	I	K	H	B	T	J	L	B	T	U	R	K	I
A	S	U	D	W	N	A	A	L	V	S	I	O	A
L	T	P	K	Y	N	A	P	T	I	I	M	I	P
I	E	Y	A	J	I	L	I	E	H	R	U	P	B
Z	L	Ö	R	H	H	E	R	P	T	C	P	V	I
N	U	R	A	S	M	P	O	M	H	O	U	B	D
K	L	Ä	E	A	N	G	K	Z	Y	V	F	R	D

URHEILIJA
TUOMARI
KORIPALLO
BASEBALL
POLKUPYÖRÄ
MESTARUUS
TIIMI
STADION
VOITTAJA
KUNTOSALI
VOIMISTELU
GOLF
JÄÄKIEKKO
PELAAJA
PELI
LIIKE
TENNIS

95 - Comida # 2

F	O	H	R	J	P	A	K	K	I	S	R	I	K
Q	E	S	I	B	A	N	A	A	N	I	V	C	L
C	M	M	I	S	Y	B	K	U	E	D	F	J	C
M	B	A	S	O	A	P	K	I	I	V	I	T	R
W	I	N	I	Z	K	K	C	G	S	N	L	M	Y
D	H	T	I	Y	K	A	A	N	U	M	A	Y	P
E	I	E	Z	F	O	O	N	N	Q	F	A	S	Ä
J	T	L	T	T	S	I	M	U	A	D	K	U	L
U	T	I	H	K	I	E	W	E	M	K	A	K	E
K	A	L	A	I	T	F	T	J	N	O	S	L	K
K	A	I	T	T	R	U	G	O	J	A	R	A	F
N	M	K	Z	V	A	A	W	K	M	E	A	A	J
I	O	J	U	U	S	T	O	U	I	H	P	N	F
K	T	Q	Z	R	V	E	H	N	Ä	C	B	C	W

ARTISOKKA
MANTELI
RIISI
BANAANI
MUNAKOISO
PARSAKAALI
KIRSIKKA
SUKLAA
SIENI
KANA
JOGURTTI
KIIVI
OMENA
MUNA
KALA
KINKKU
JUUSTO
TOMAATTI
VEHNÄ
RYPÄLE

96 - Universo

J	K	Q	Y	I	K	O	S	M	I	N	E	N	Q
A	J	A	A	S	A	T	N	Ä	V	I	Ä	P	P
G	J	W	C	K	F	O	O	N	Ä	K	Y	V	Ä
P	S	N	M	A	K	K	E	N	S	T	I	Y	H
I	V	W	B	L	B	N	R	W	J	U	L	R	O
T	A	I	V	A	S	I	K	G	V	P	M	W	R
V	Q	N	U	G	A	R	T	W	Z	O	A	U	I
V	J	W	Z	C	U	U	C	G	O	K	I	K	S
P	I	T	U	U	S	A	S	T	E	U	N	U	O
H	A	L	V	K	U	L	E	K	L	A	E	U	N
A	S	T	E	R	O	I	D	I	C	K	N	B	T
P	Ä	I	V	Ä	N	S	E	I	S	A	U	S	T
L	E	V	E	Y	S	A	S	T	E	J	W	U	I
T	A	I	V	A	A	L	L	I	N	E	N	N	C

ASTEROIDI
ILMAINEN
TAIVAALLINEN
TAIVAS
KOSMINEN
EON
PÄIVÄNTASAAJA
GALAKSI
HALVKULE
HORISONTTI
LEVEYSASTE
PITUUSASTE
KUU
AURINKO
PÄIVÄNSEISAUS
KAUKOPUTKI
NÄKYVÄ

97 - Jazz

P	M	J	A	K	K	I	I	N	K	E	T	Y	R
U	A	U	F	H	O	B	V	S	K	H	V	F	O
U	I	I	S	Y	H	O	O	C	L	T	D	A	K
S	Y	J	N	I	G	Z	S	R	U	M	M	U	T
I	K	V	F	O	I	R	E	T	S	E	K	R	O
R	Y	T	M	I	T	K	F	L	U	L	U	A	L
T	K	A	D	I	K	U	K	V	K	M	Z	Q	A
I	Y	R	V	F	N	F	S	I	U	T	U	H	J
K	O	N	S	E	R	T	T	I	U	Y	V	S	I
I	N	Z	I	Q	Y	D	J	J	L	Y	A	U	M
S	Ä	V	E	L	T	Ä	J	Ä	U	L	N	P	U
O	H	U	P	L	R	B	C	H	I	I	H	D	B
U	F	R	D	D	Y	U	B	Y	S	K	A	F	L
S	A	J	I	L	I	E	T	I	A	T	O	A	A

TAITEILIJA
ALBUMI
RUMMUT
LAULU
KOOSTUMUS
SÄVELTÄJÄ
KONSERTTI
TYYLI
PAINOTUS
KUULUISA
SUOSIKIT
LAJI
MUSIIKKI
UUSI
ORKESTERI
RYTMI
KYKY
TEKNIIKKA
VANHA

98 - Barcos

L	Q	C	M	K	V	A	L	T	A	M	E	R	I
R	J	A	K	K	A	L	E	T	J	J	J	E	S
A	T	T	U	A	L	N	W	J	A	O	Ä	P	Y
Q	A	I	R	O	T	T	O	O	M	K	R	E	Ö
C	I	L	S	M	N	T	U	O	Ö	I	V	L	K
V	R	G	T	F	M	U	O	M	T	K	I	A	P
Q	U	J	I	O	E	U	G	E	S	T	G	S	U
S	K	O	U	O	R	A	Q	R	I	E	I	T	R
I	K	K	R	Y	I	O	V	I	H	O	T	U	J
V	N	M	E	O	T	S	A	M	E	K	H	S	E
E	A	S	F	C	V	Z	V	I	I	M	A	V	V
K	A	J	A	K	K	E	E	E	M	T	J	E	E
M	S	U	C	C	K	C	S	S	S	O	E	N	N
C	N	B	P	M	T	U	J	I	O	P	B	E	E

ANKKURI
LAUTTA
PELASTUSVENE
POIJU
KAJAKK
KANOOTTI
KÖYSI
TELAKKA
JAHTI
JÄRVI
MERI
VUOROVESI
MERIMIES
MASTO
MOOTTORI
VALTAMERI
AALTO
JOKI
MIEHISTÖ
PURJEVENE

99 - Mamíferos

K	Y	R	A	C	R	K	N	S	K	K	C	B	K
O	F	H	R	V	W	U	R	U	G	N	E	K	I
J	L	E	I	J	O	N	A	R	P	E	E	S	S
O	N	G	O	R	I	L	L	A	N	N	P	C	S
O	O	K	K	D	V	A	K	K	Z	O	E	I	A
T	R	S	U	S	I	F	P	T	A	V	D	N	Ä
T	S	A	I	J	S	J	P	I	L	E	M	A	K
I	U	L	L	A	M	M	A	S	N	H	Q	K	R
V	K	A	A	J	Q	V	D	O	C	A	T	E	Ä
H	G	V	R	D	E	L	F	I	I	N	I	T	H
A	Y	O	J	D	A	N	E	Y	K	G	I	T	G
R	T	S	M	G	U	C	E	C	Q	G	S	U	S
I	R	E	T	T	N	A	P	Q	R	C	J	Q	E
K	M	G	S	W	M	W	K	T	Z	H	M	M	W

VALAS
KAMELI
KENGURU
HEVONEN
KOIRA
KANI
KOJOOTTI
NORSU
KISSA
KIRAHVI

DELFIINI
GORILLA
LEIJONA
SUSI
APINA
LAMMAS
PANTTERI
KETTU
HÄRKÄ
SEEPRA

100 - Atividades e Lazer

K	O	R	I	P	A	L	L	O	Z	T	V	F	T
Q	H	Z	L	W	K	I	L	P	A	K	B	Y	E
J	R	P	G	Y	T	Z	F	L	V	J	F	G	N
L	A	I	N	E	L	A	U	T	A	I	L	U	N
V	K	C	I	M	D	A	Y	K	V	O	O	N	I
A	A	S	P	F	P	I	N	Y	Q	F	G	Y	S
E	L	I	M	U	I	M	A	T	L	Q	T	R	B
L	A	H	A	O	U	C	I	T	D	F	G	K	A
L	S	F	C	T	C	H	Y	O	H	A	H	K	S
U	T	M	A	T	K	U	S	T	A	A	B	E	E
S	U	A	L	A	A	M	Q	S	I	J	F	I	B
W	S	S	U	K	E	L	L	U	S	E	Y	L	A
H	A	R	R	A	S	T	U	K	S	E	T	Y	L
R	E	N	T	O	U	T	T	A	V	A	B	P	L

CAMPING
TAIDE
KORIPALLO
BASEBALL
NYRKKEILY
VAELLUS
KILPA
GOLF
HARRASTUKSET
SUKELLUS
UIMA
KALASTUS
MAALAUS
RENTOUTTAVA
LAINELAUTAILU
TENNIS
MATKUSTAA

1 - Dirigindo

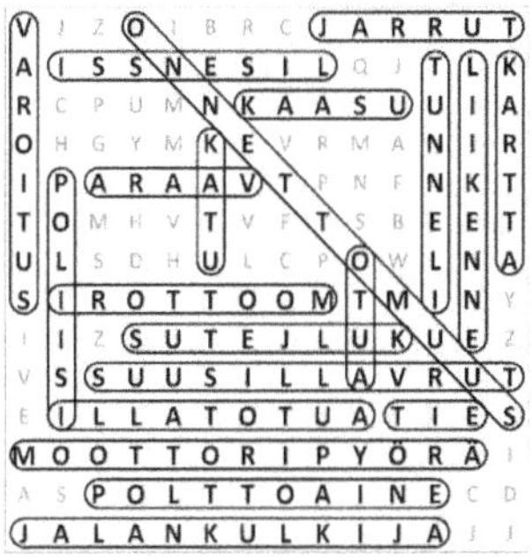

2 - Antiguidades

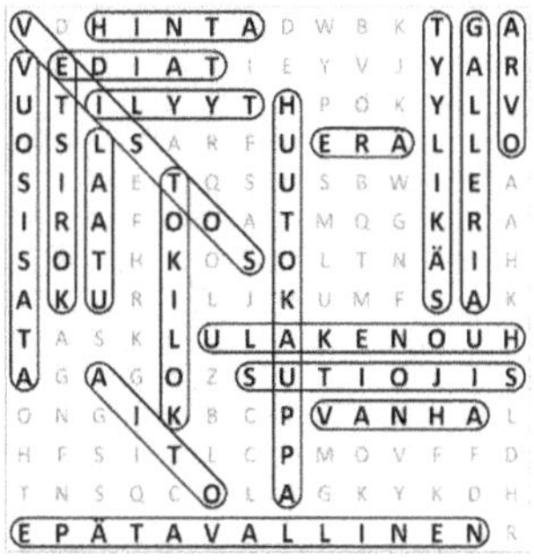

3 - Churrascos

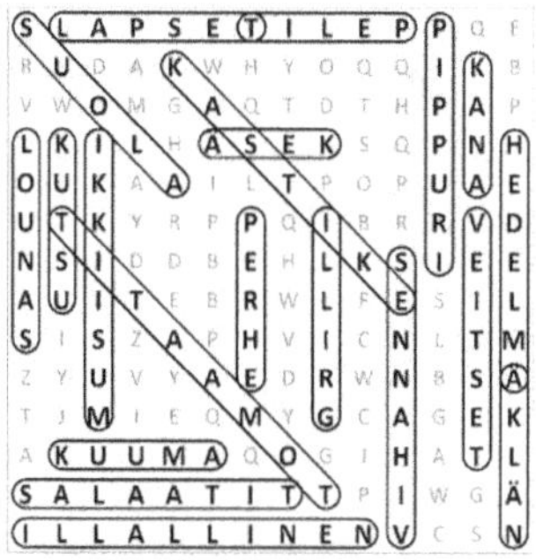

4 - Pesca

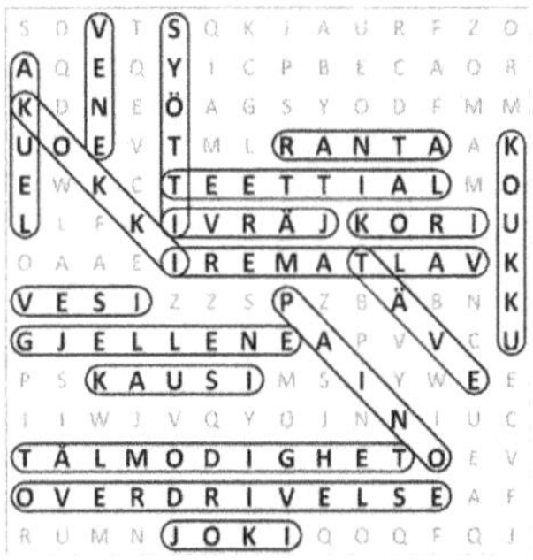

5 - Geologia

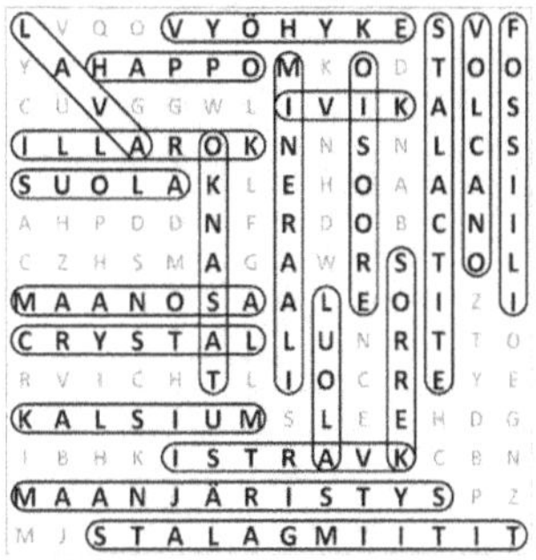

6 - Tempo

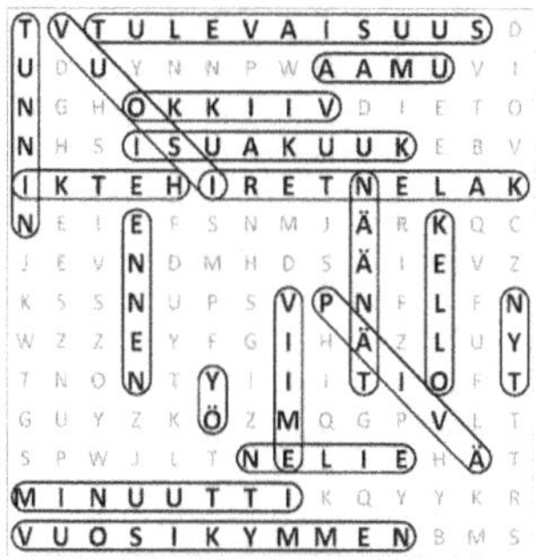

7 - Astronomia

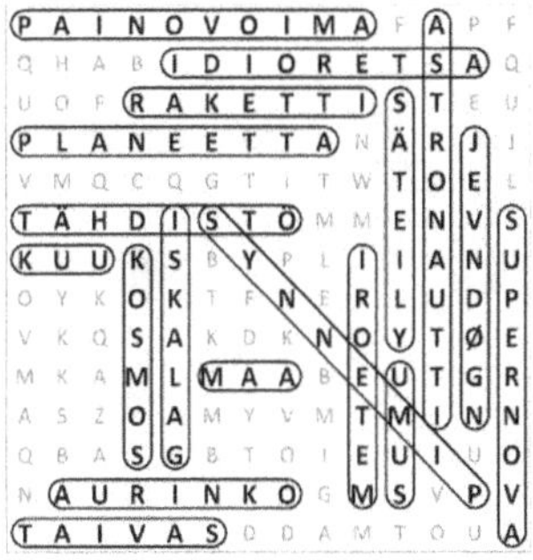

8 - Circo

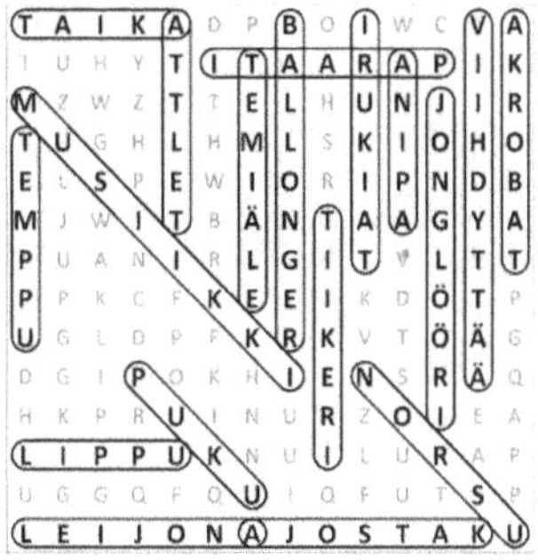

9 - Acampamento

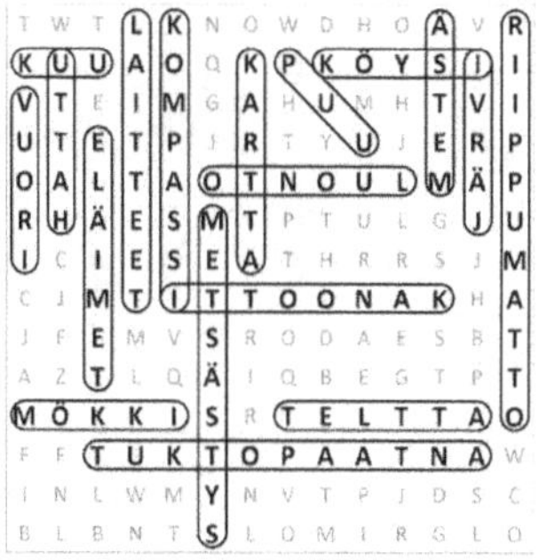

10 - Emoções

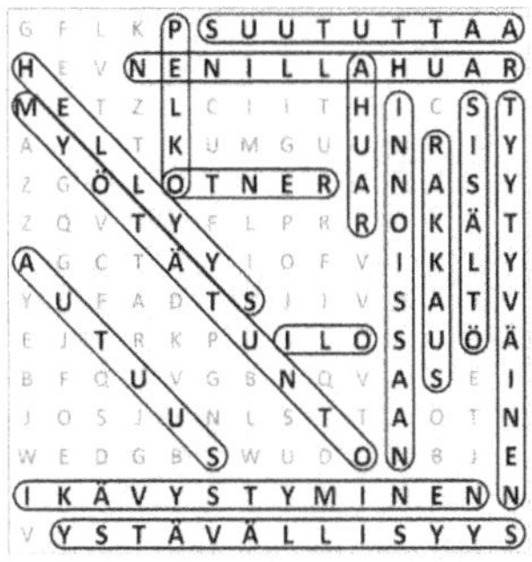

11 - Ficção Científica

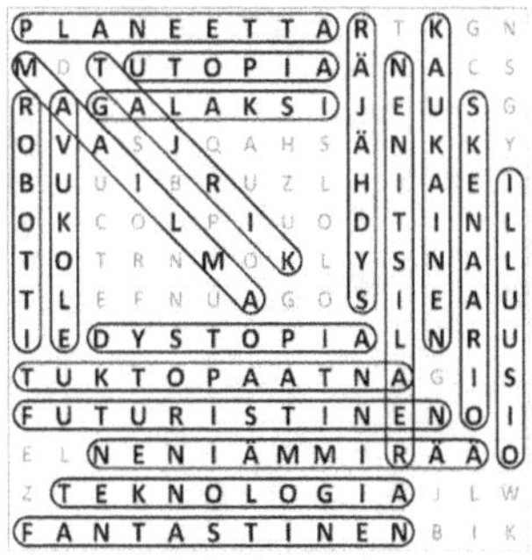

12 - Mitologia

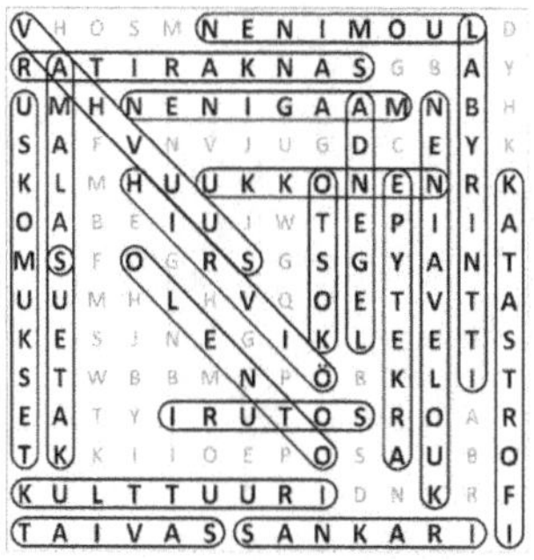

13 - Medições

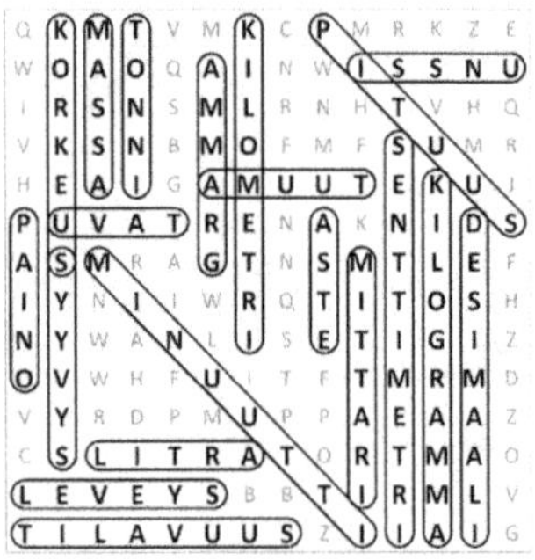

14 - Álgebra

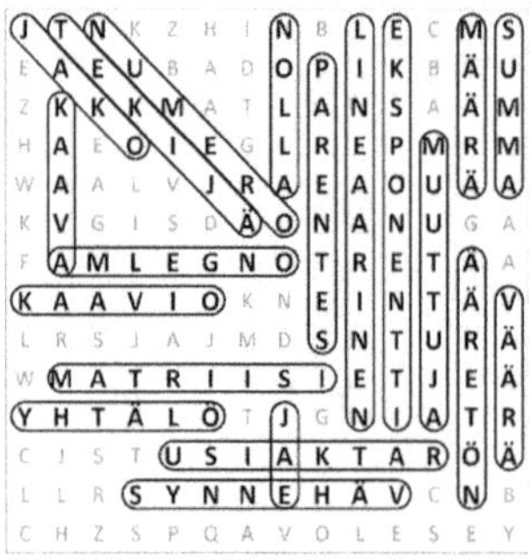

15 - Plantas

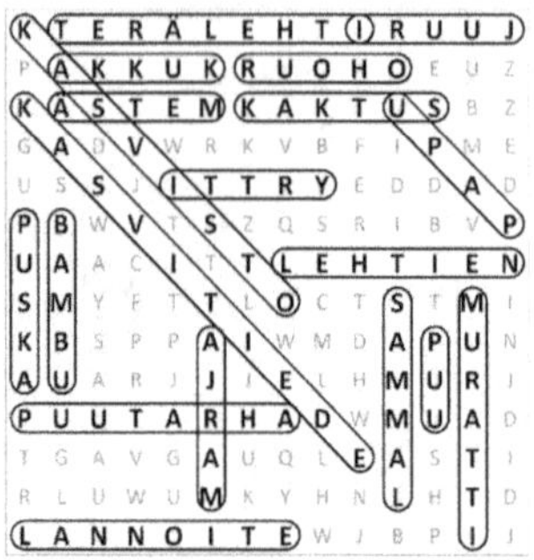

16 - Veículos

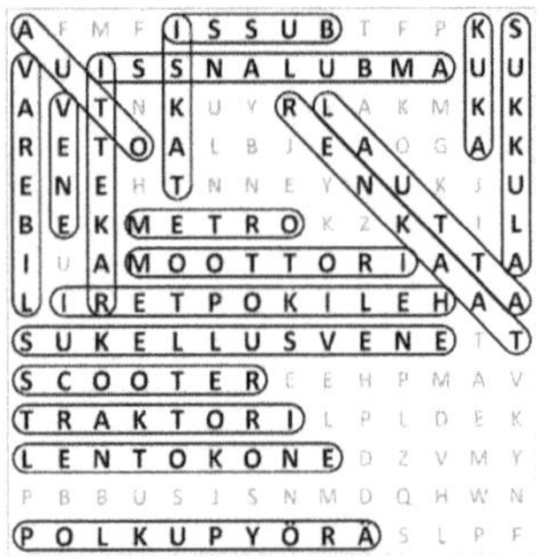

17 - Engenharia

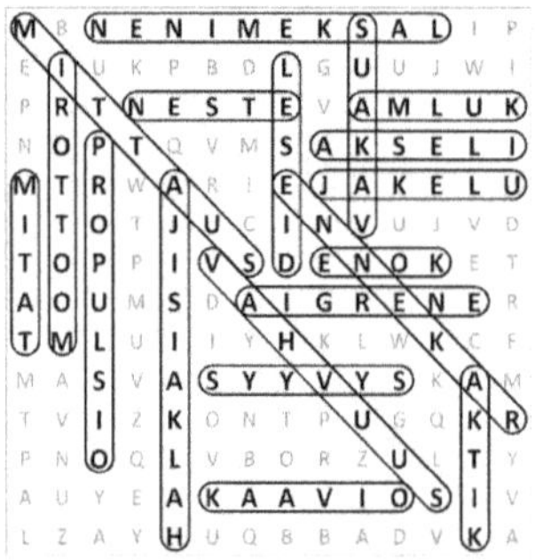

18 - Restaurante #2

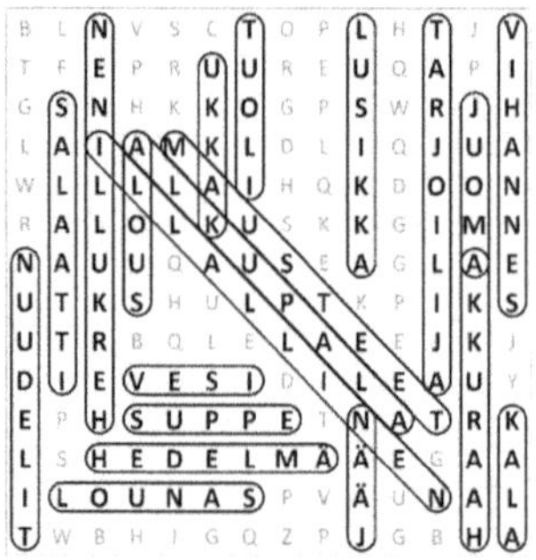

19 - Países #2

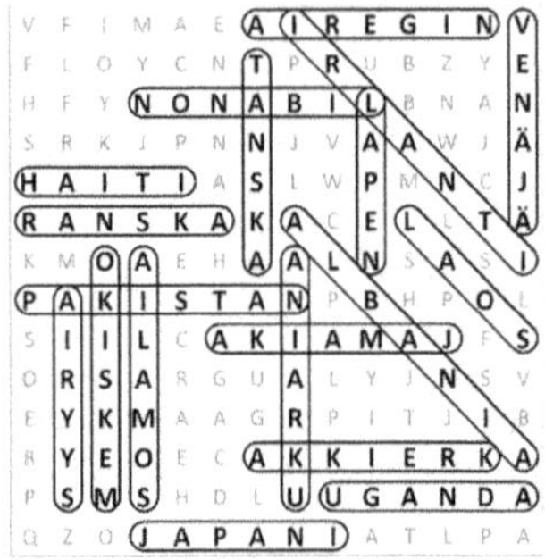

20 - Cozinha

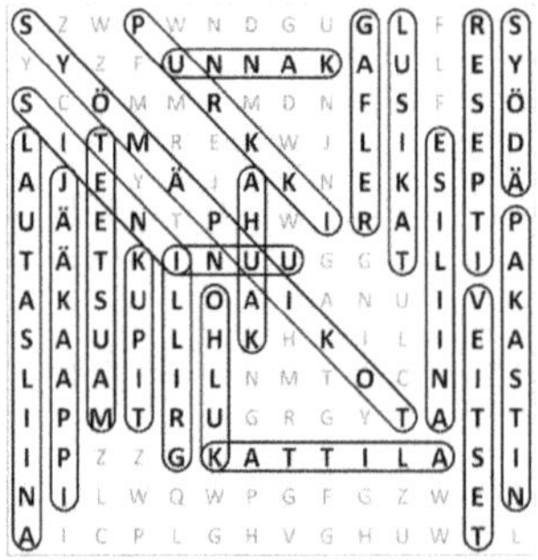

21 - Material de Arte

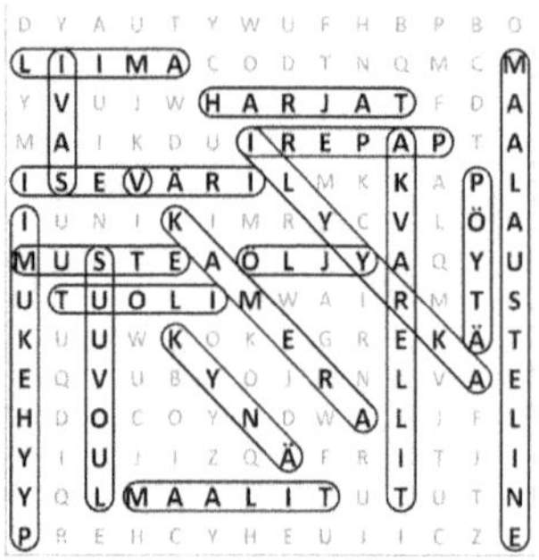

22 - Números

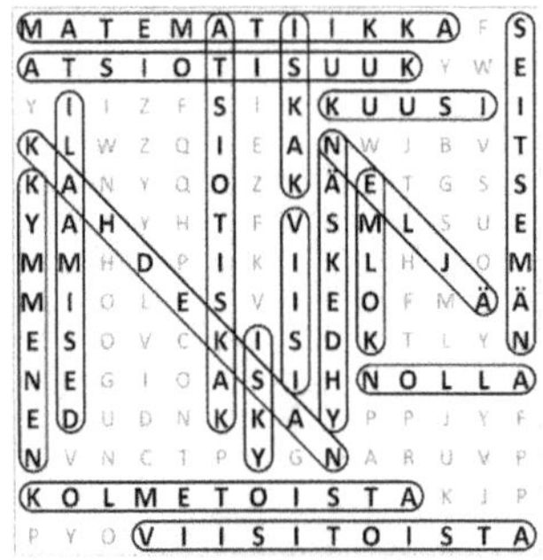

23 - Física

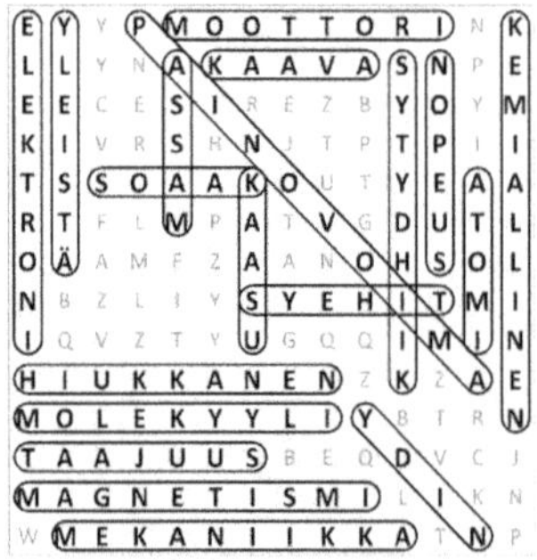

24 - Especiarias

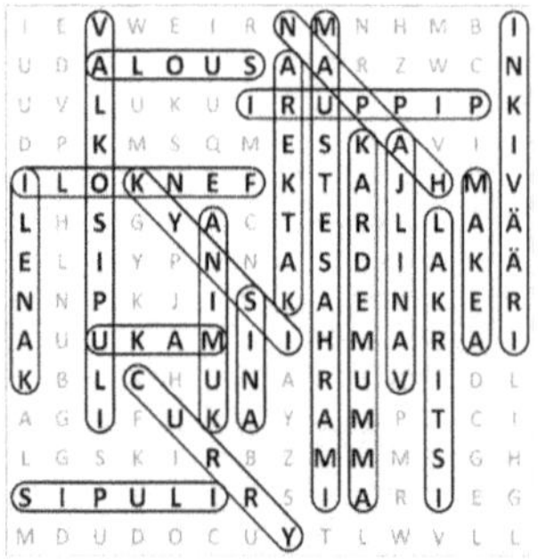

25 - Países #1

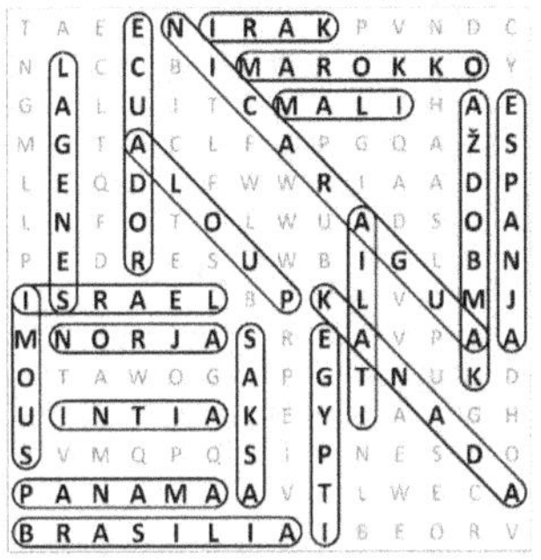

26 - A Mídia

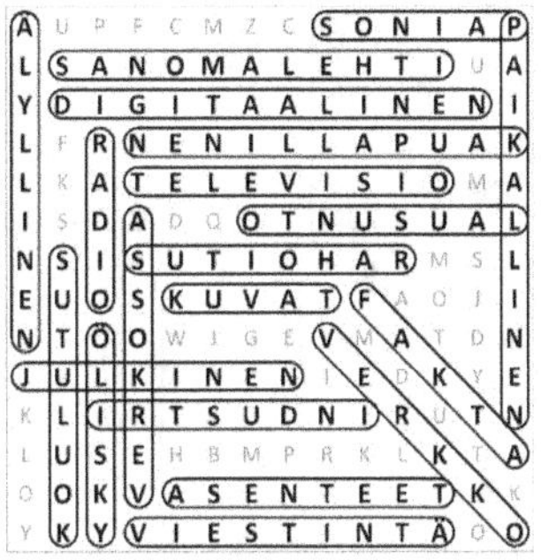

27 - Casa

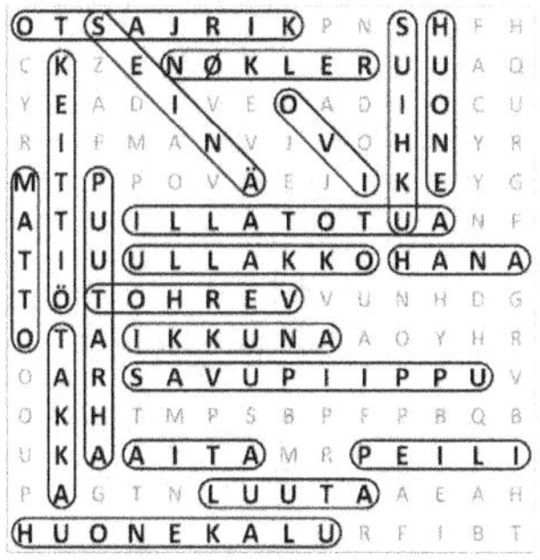

28 - Vegetais

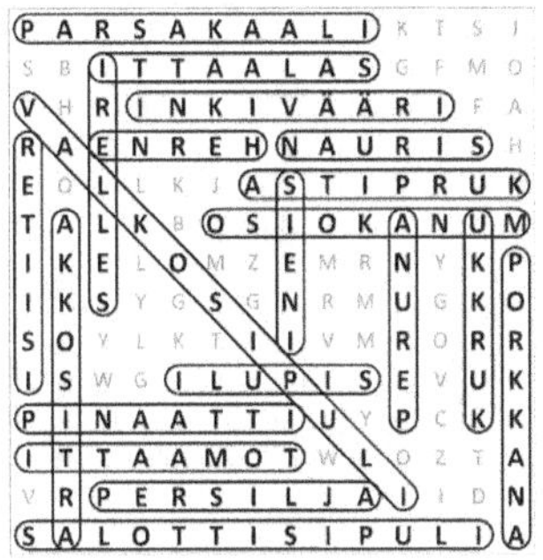

29 - Balé

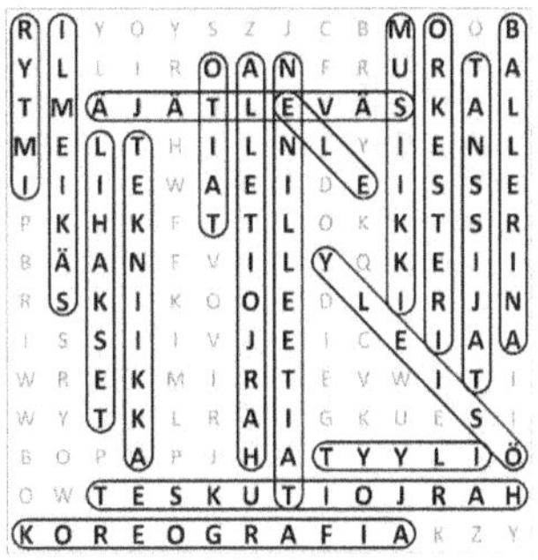

30 - Adjetivos #1

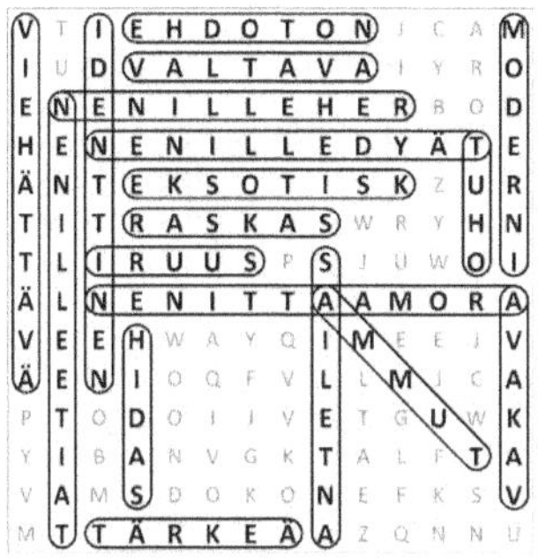

31 - Paisagens

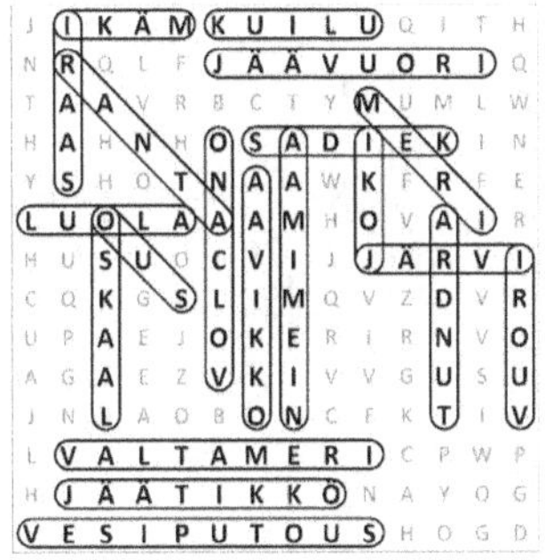

32 - Dança

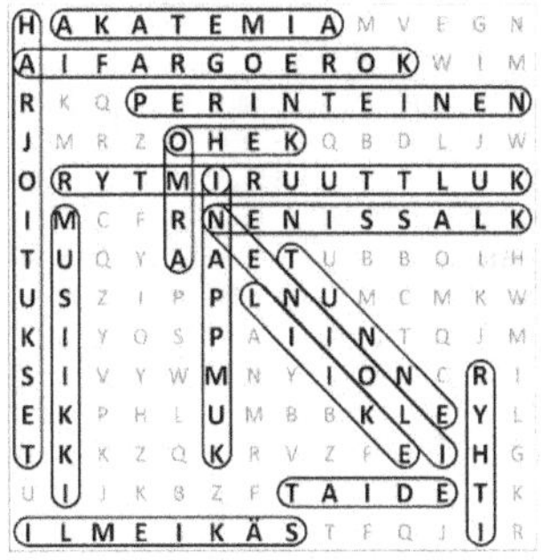

33 - Nutrição

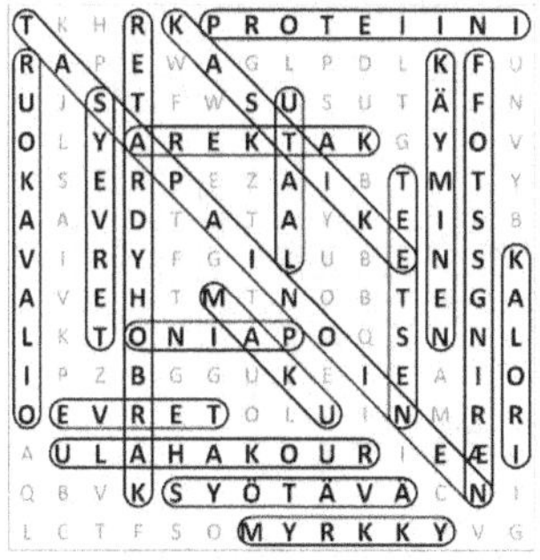

34 - Energia

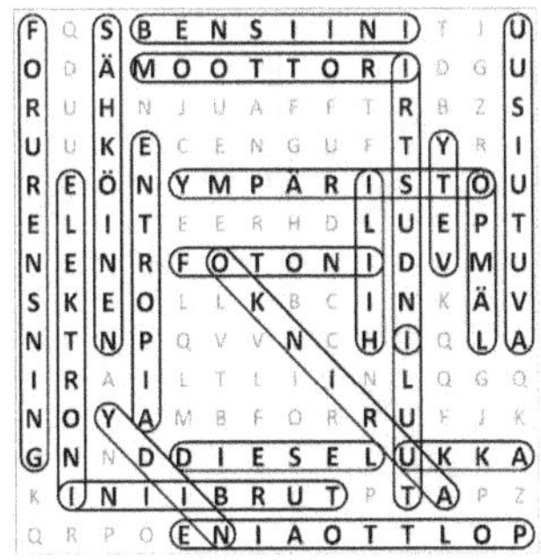

35 - Disciplinas Científicas

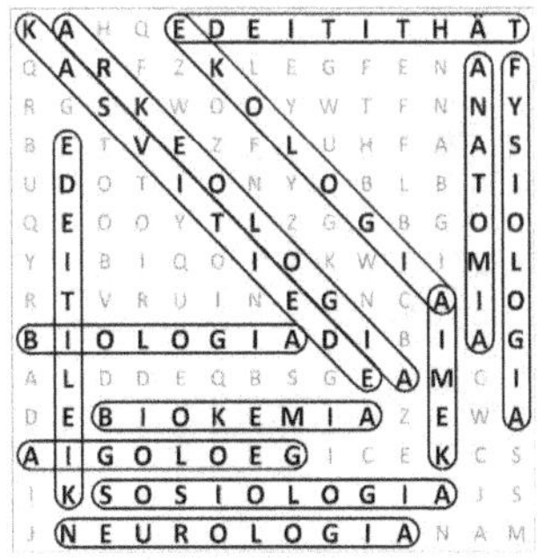

36 - Meditação

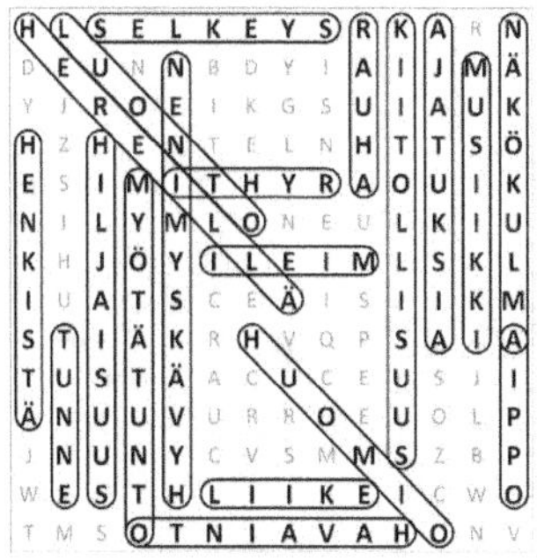

37 - Artes Visuais

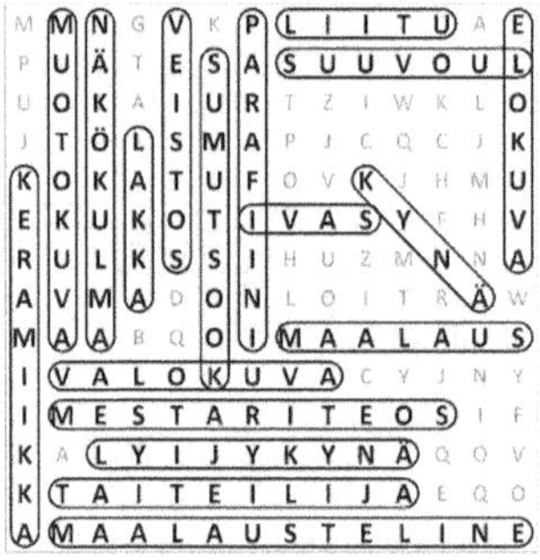

38 - Moda

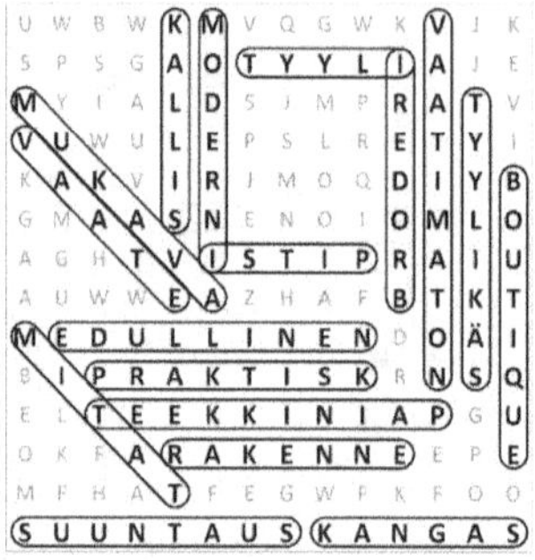

39 - Instrumentos Musicais

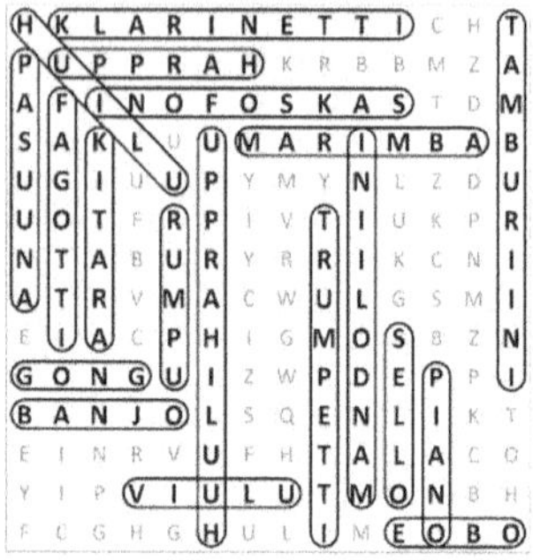

40 - Adjetivos #2

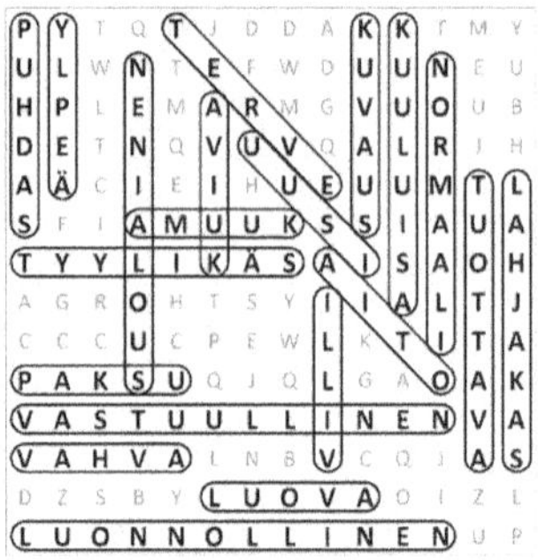

41 - Roupas

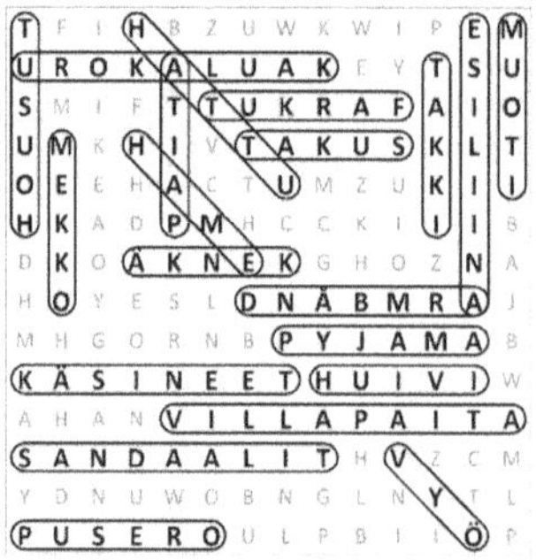

42 - Herbalismo

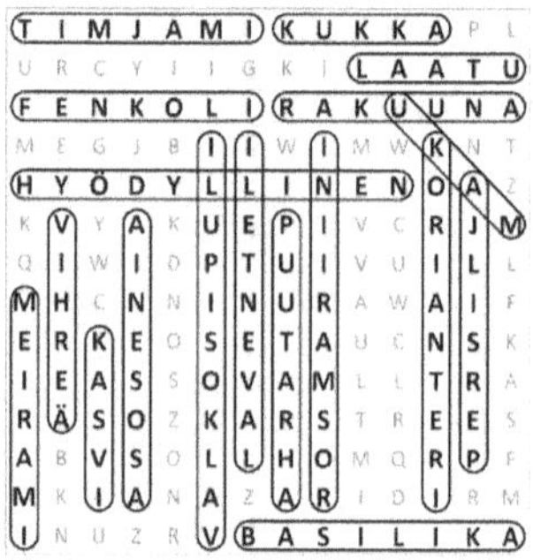

43 - Arqueologia

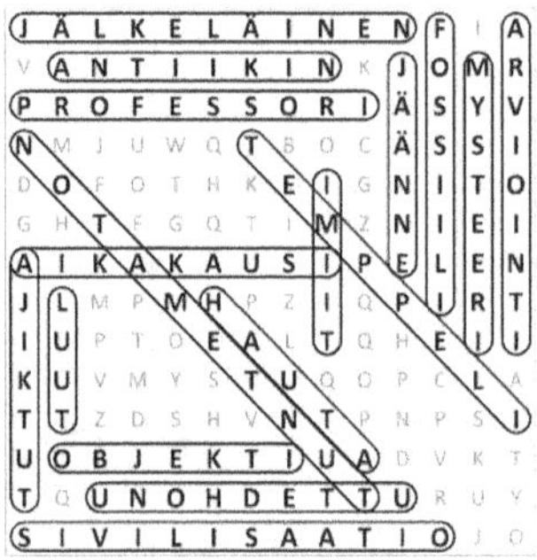

44 - Esporte

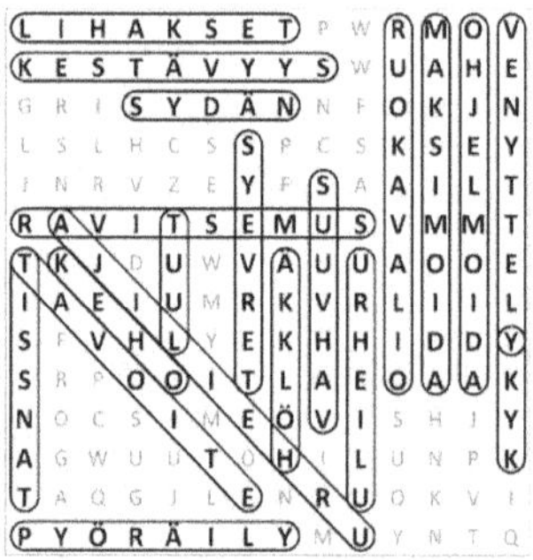

45 - Frutas

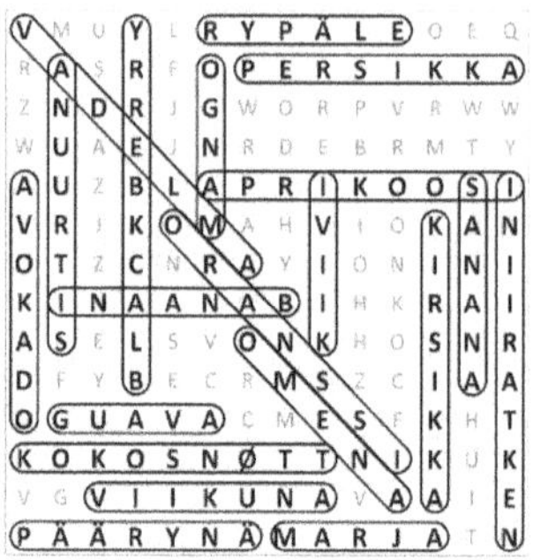

46 - Corpo Humano

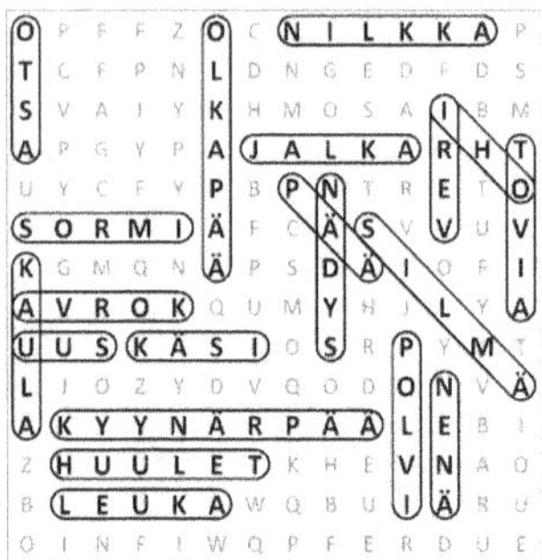

47 - Restaurante #1

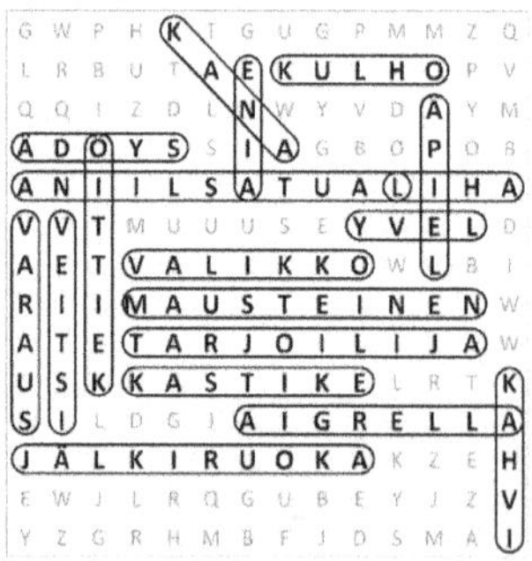

48 - Caminhada

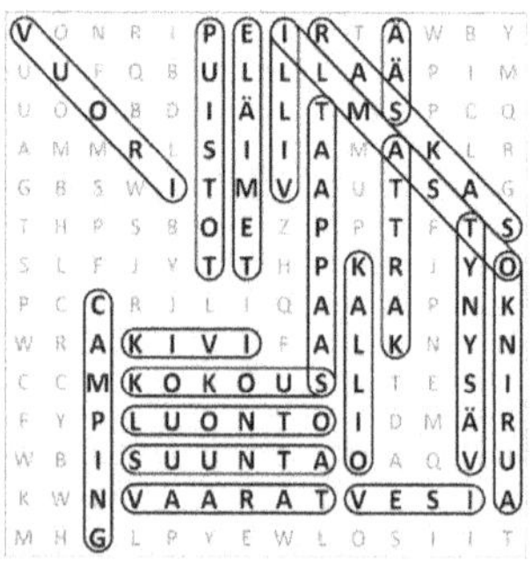

49 - Beleza

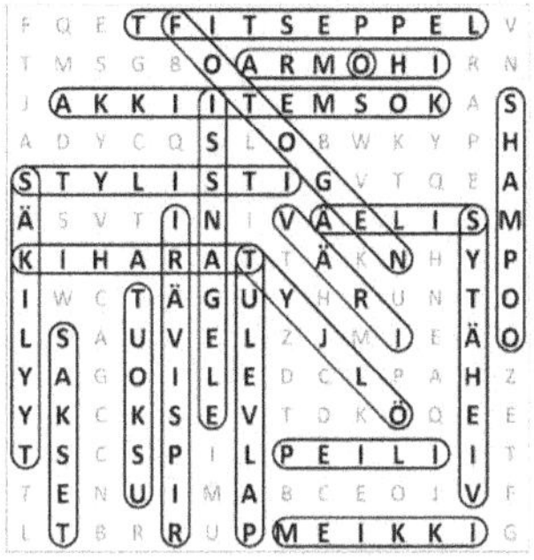

50 - Água

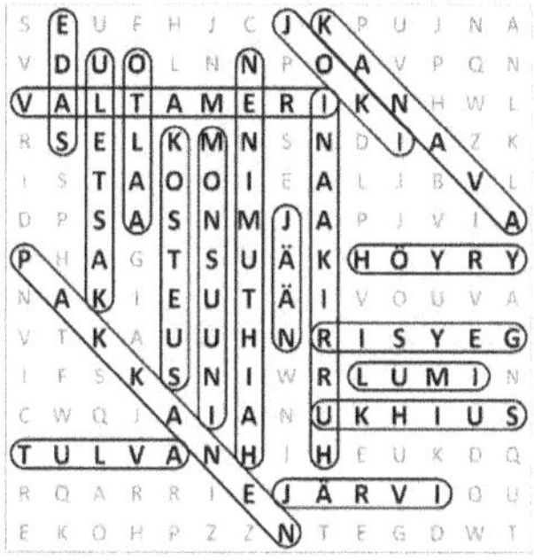

51 - Filantropia

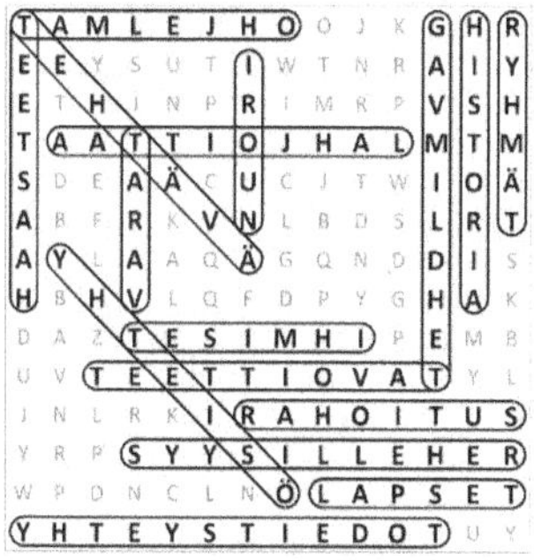

52 - Família

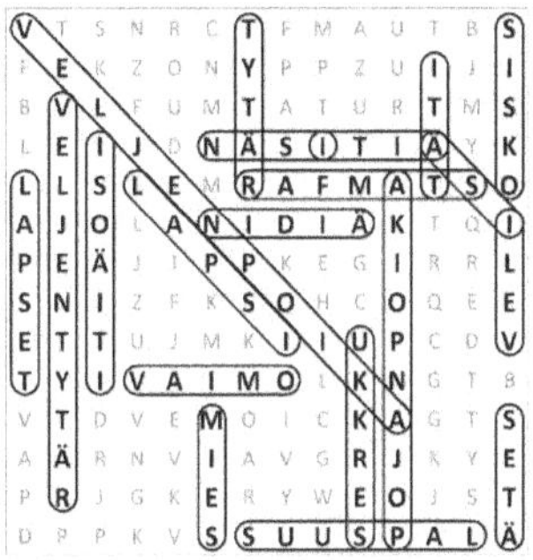

53 - Férias #2

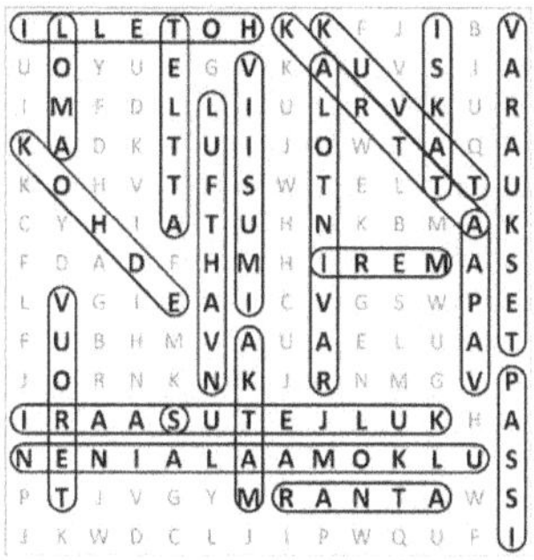

54 - Edifícios

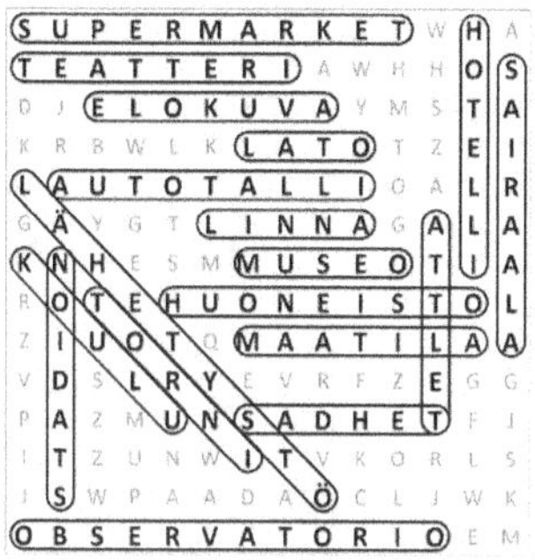

55 - Xadrez

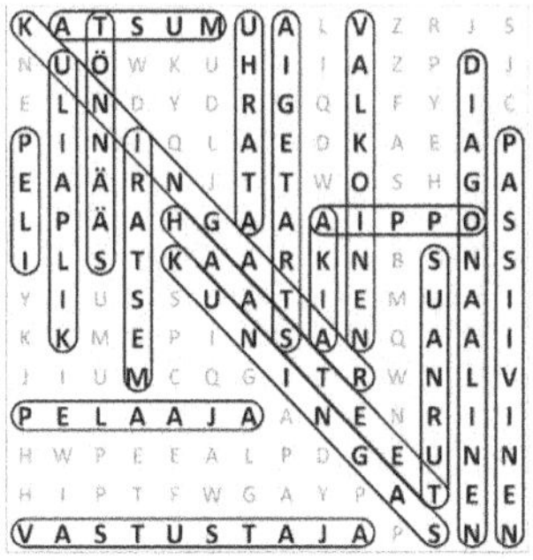

56 - Aventura

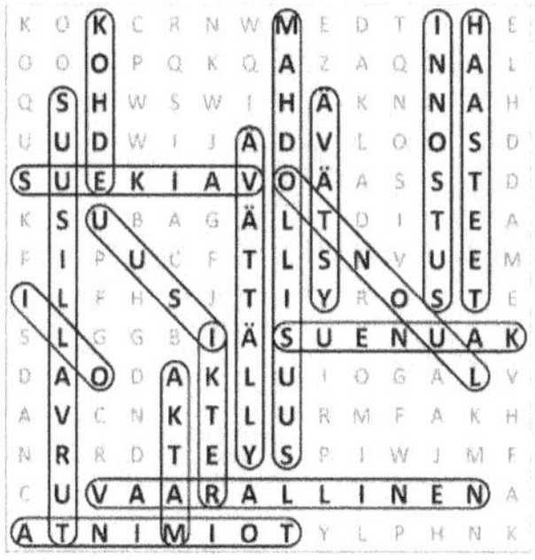

57 - Cidade

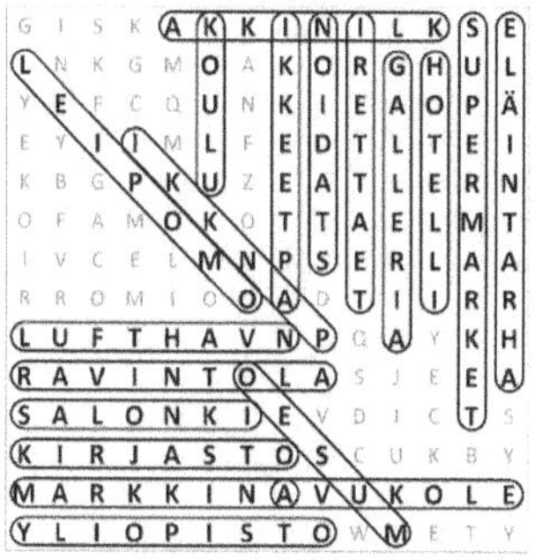

58 - Música

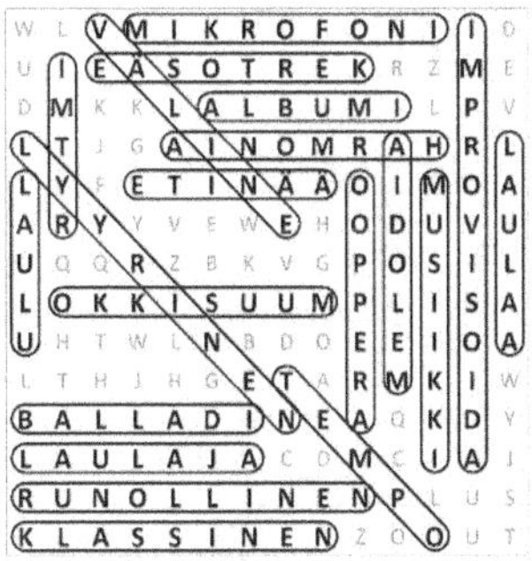

59 - Matemática

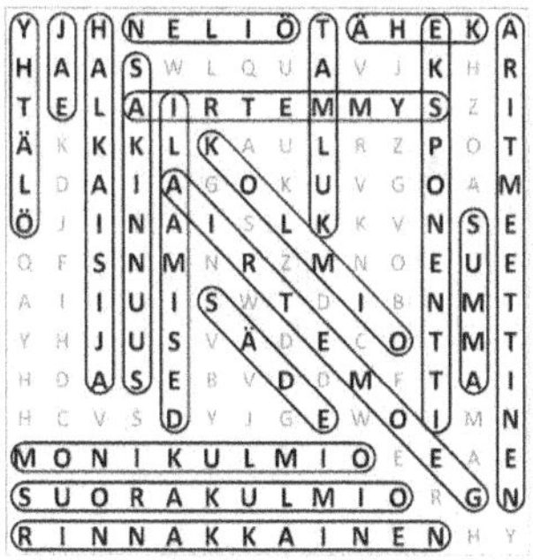

60 - Saúde e Bem Estar #1

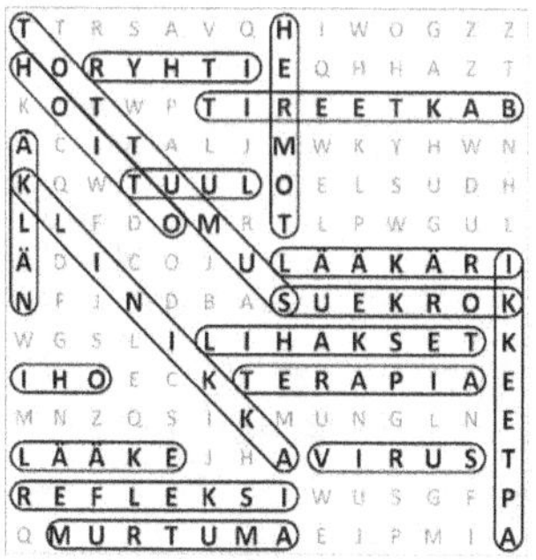

61 - Natureza

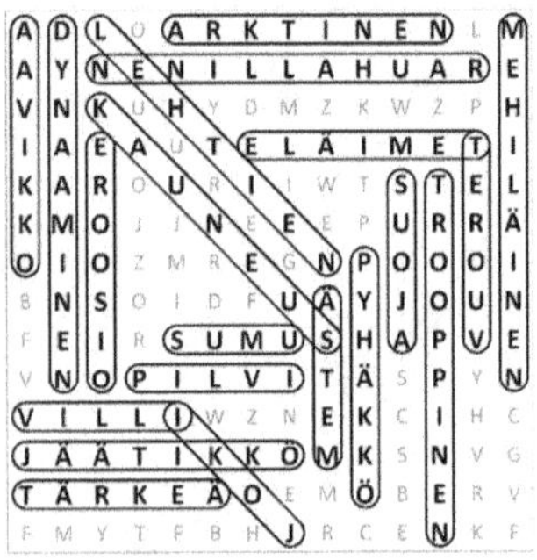

62 - Animais de Estimação

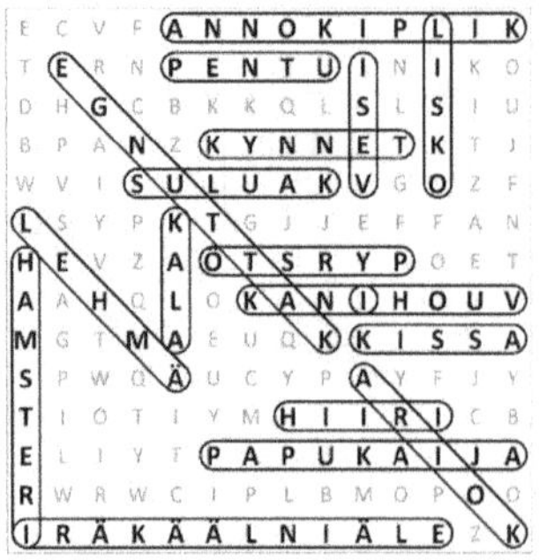

63 - Aviões

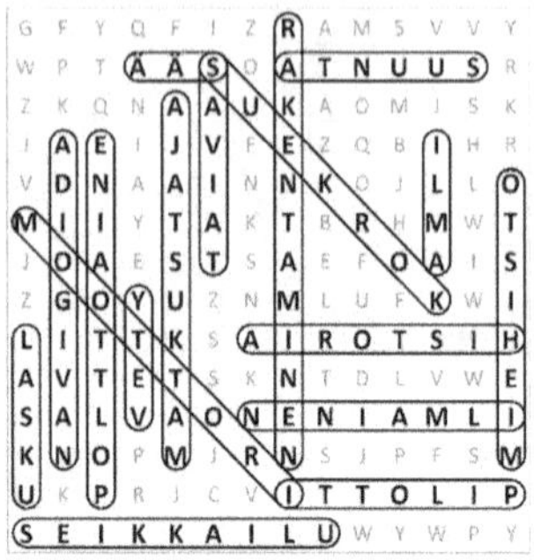

64 - Tipos de Cabelo

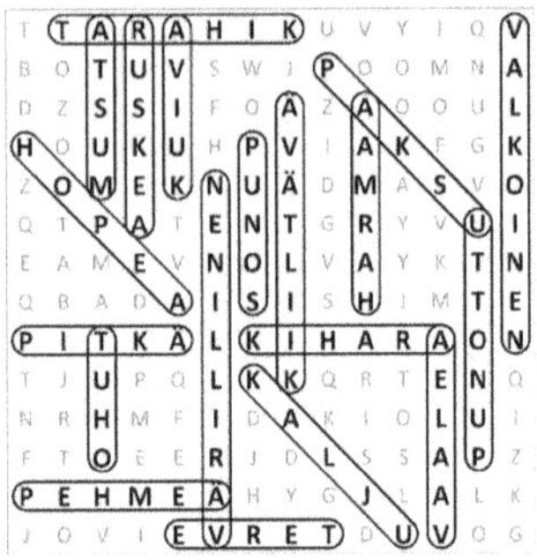

65 - Formas

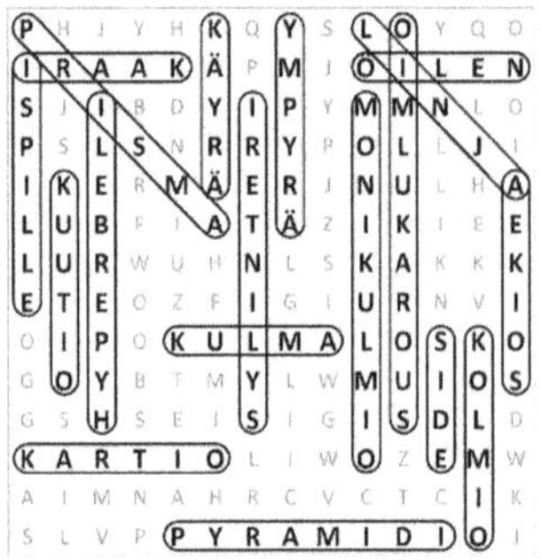

66 - Criatividade

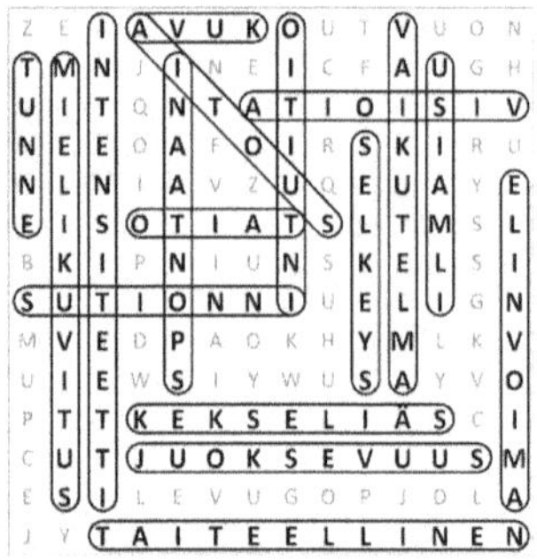

67 - Dias e Meses

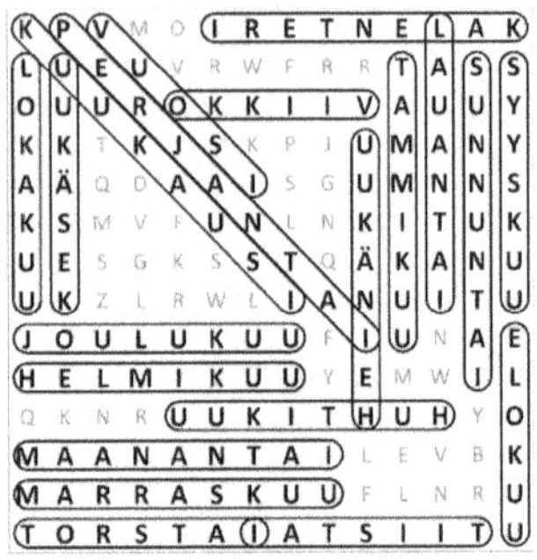

68 - Saúde e Bem Estar #2

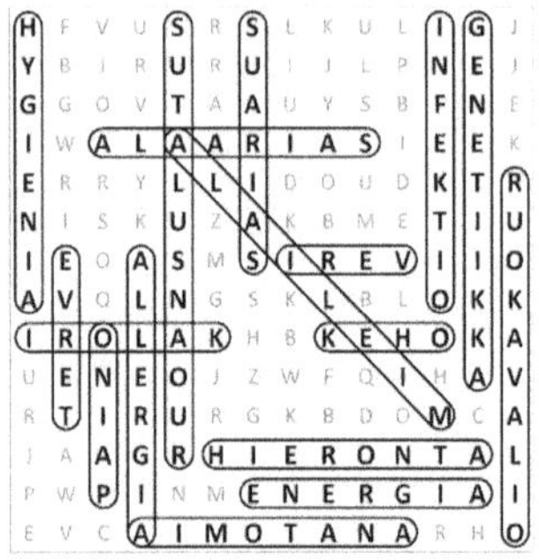

69 - Geografia

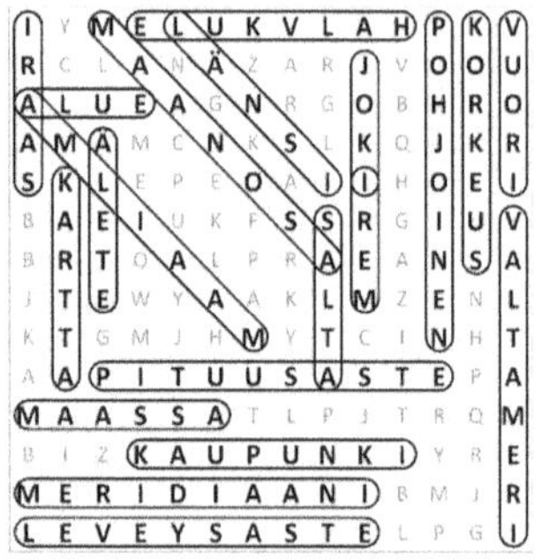

70 - Antártica

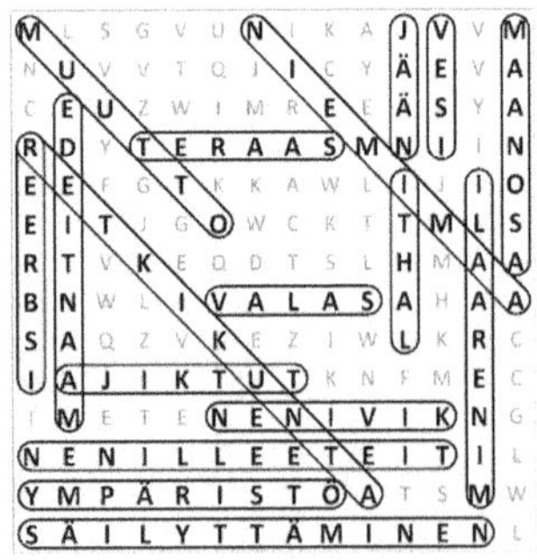

71 - Flores

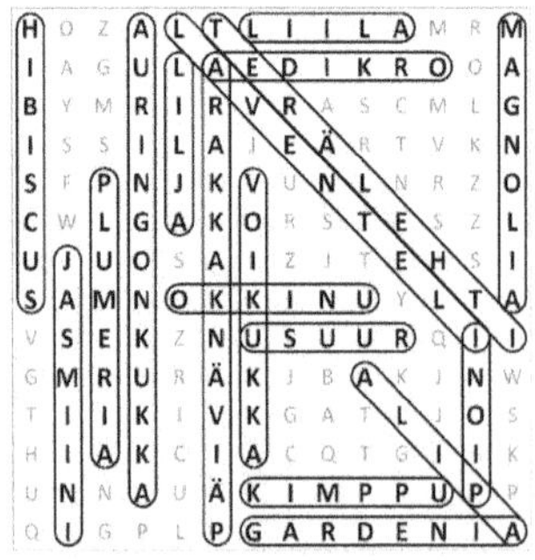

72 - Fazenda #1

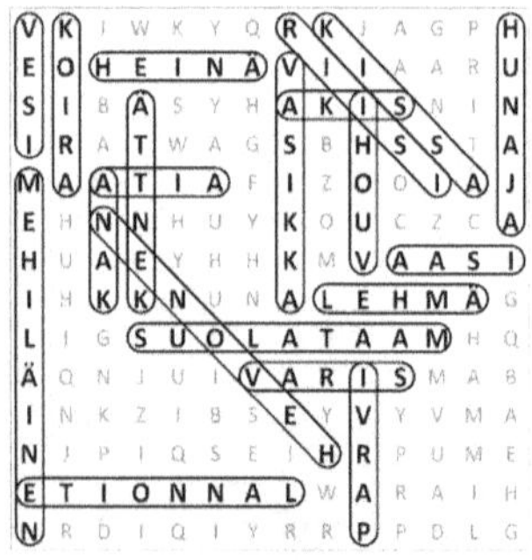

73 - Livros

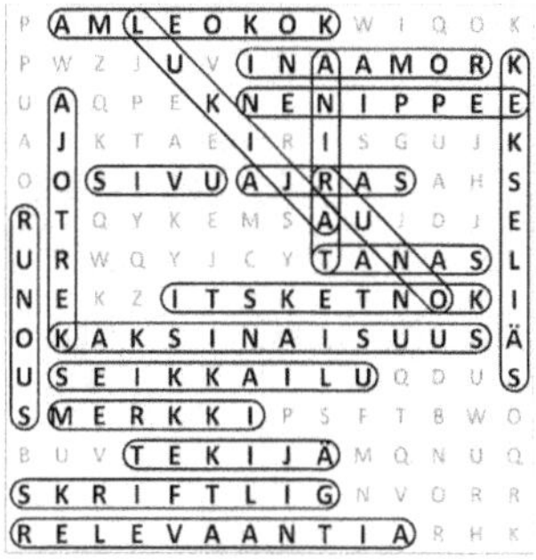

74 - Chocolate

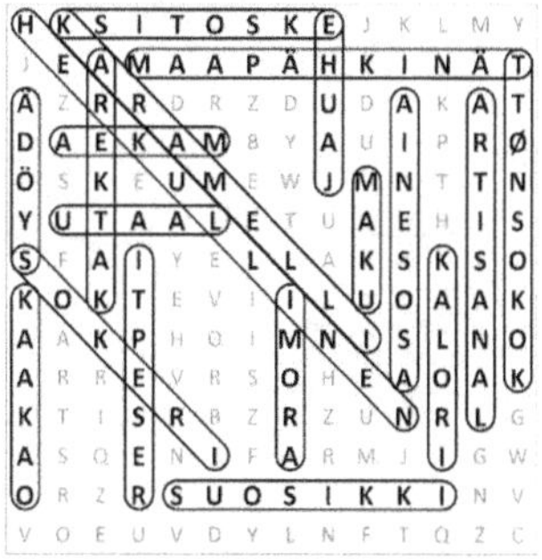

75 - Governo

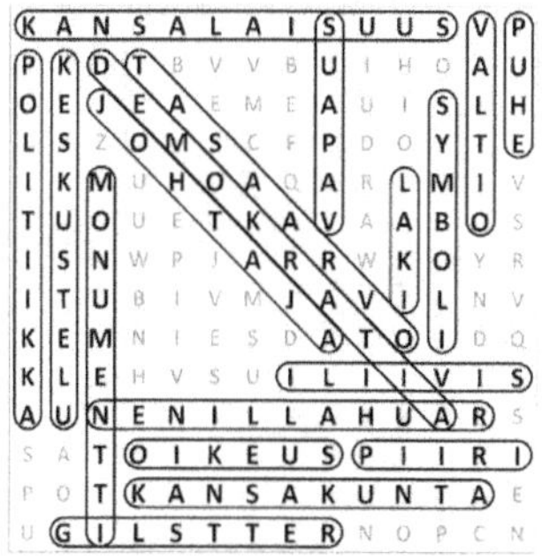

76 - Jardinagem

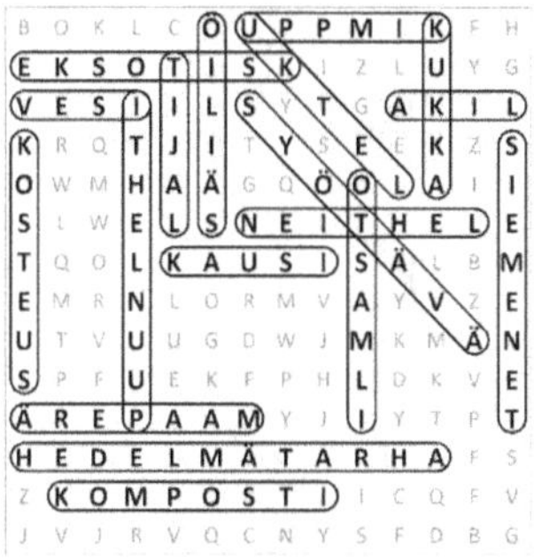

77 - Profissões #2

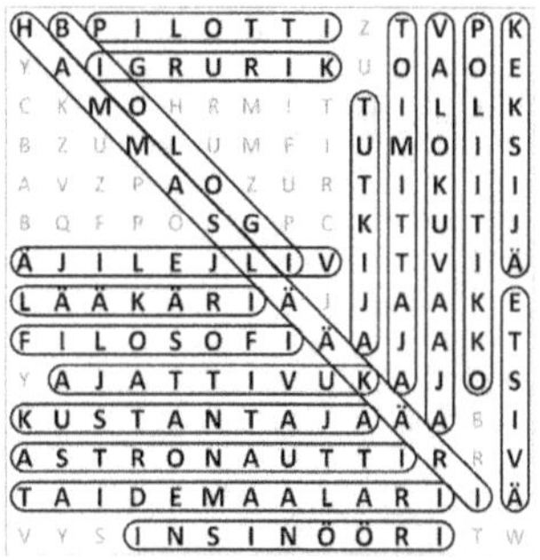

78 - Negócios

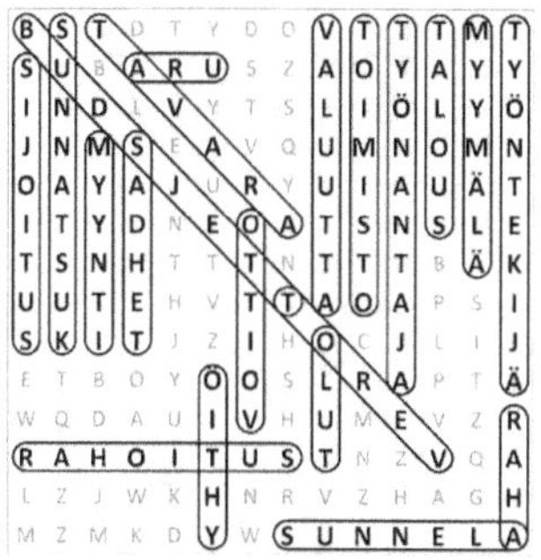

79 - Fazenda #2

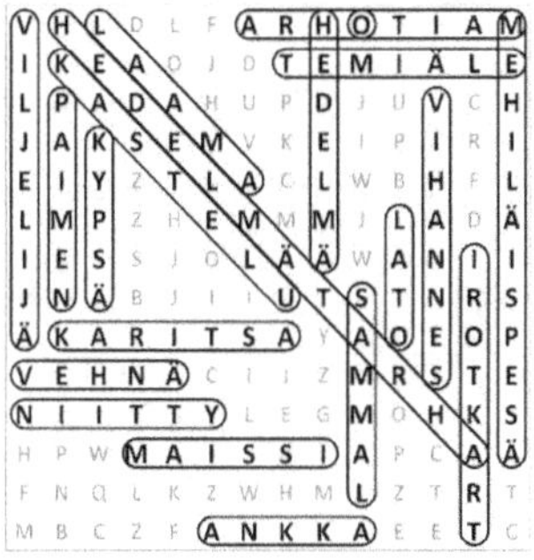

80 - Jardim

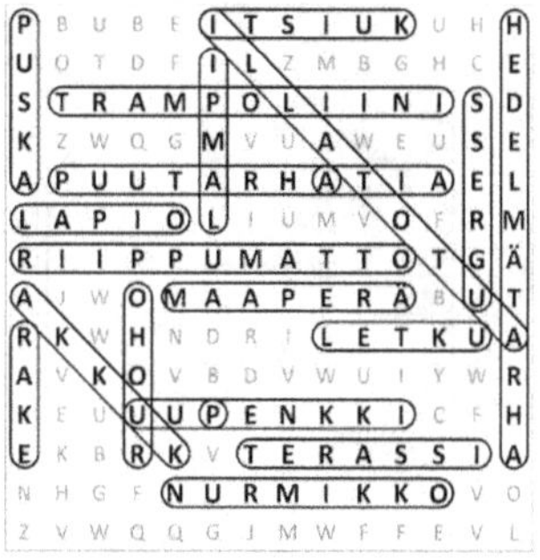

81 - Política

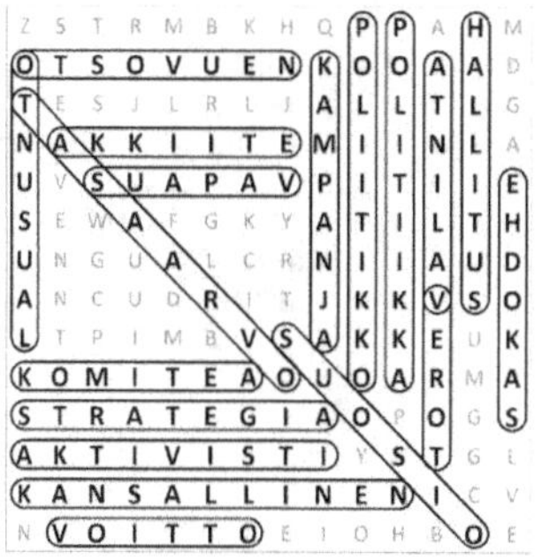

82 - Oceano

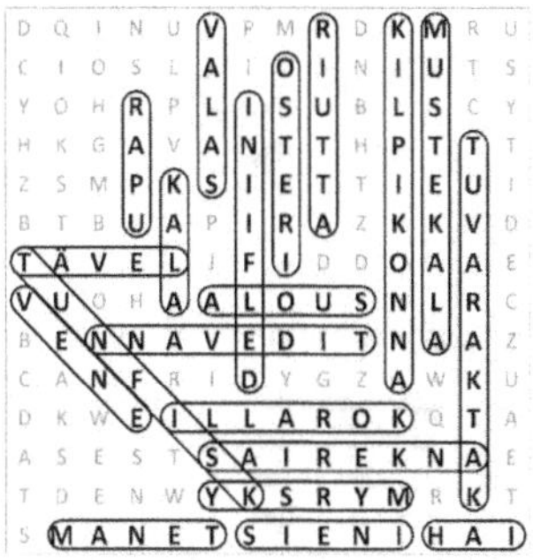

83 - Profissões #1

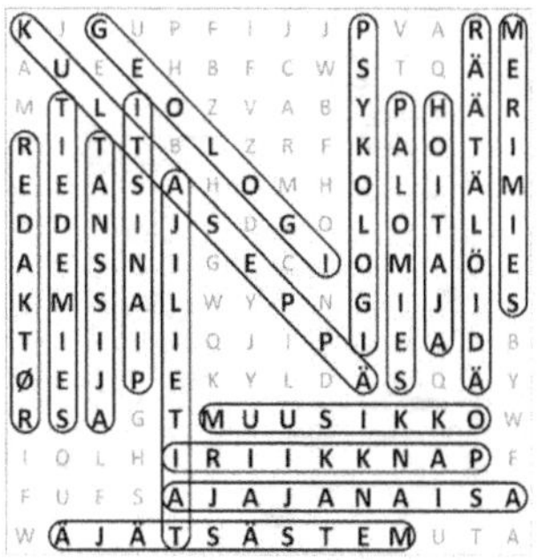

84 - Força e Gravidade

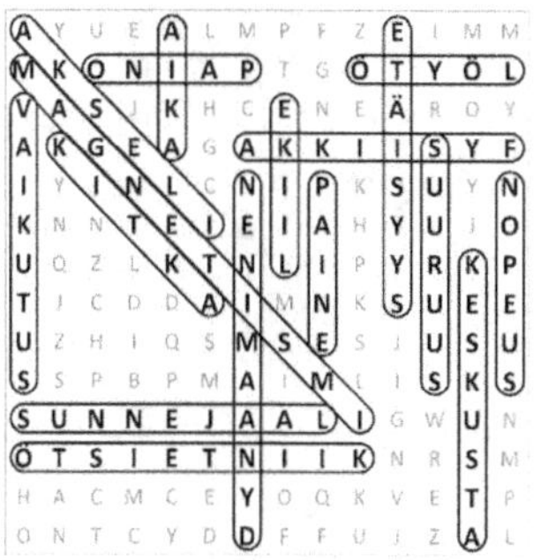

85 - Ciência

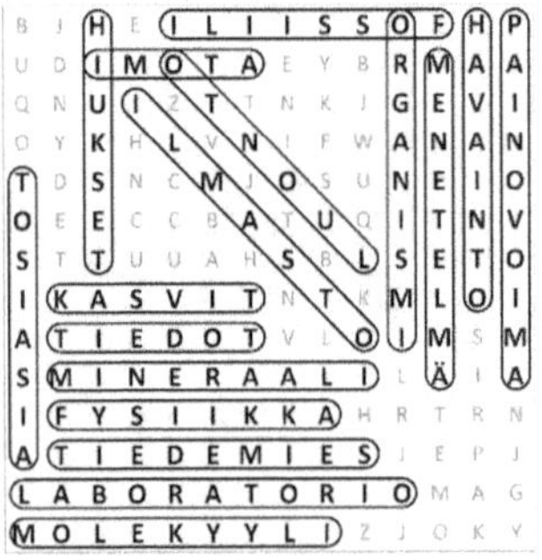

86 - Comida #1

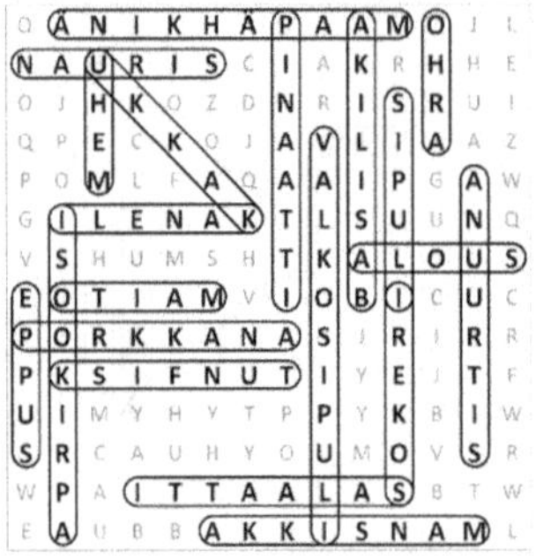

87 - Geometria

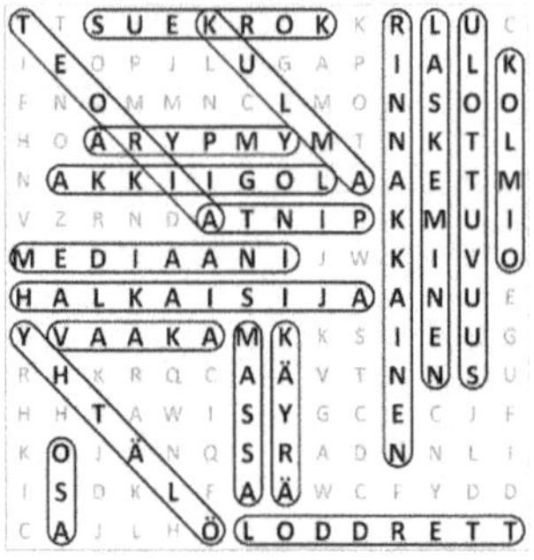

88 - Pássaros

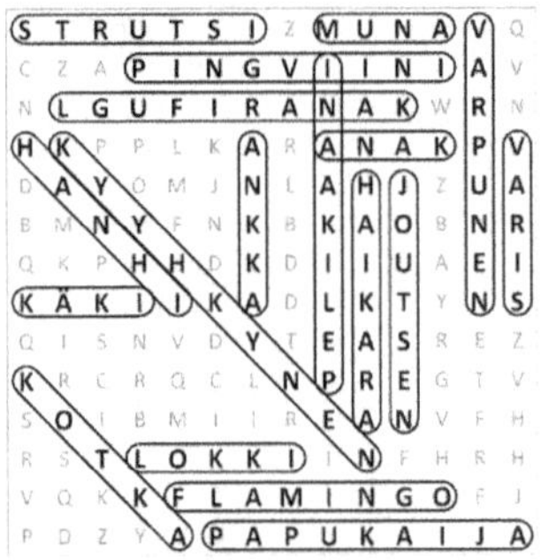

89 - Literatura

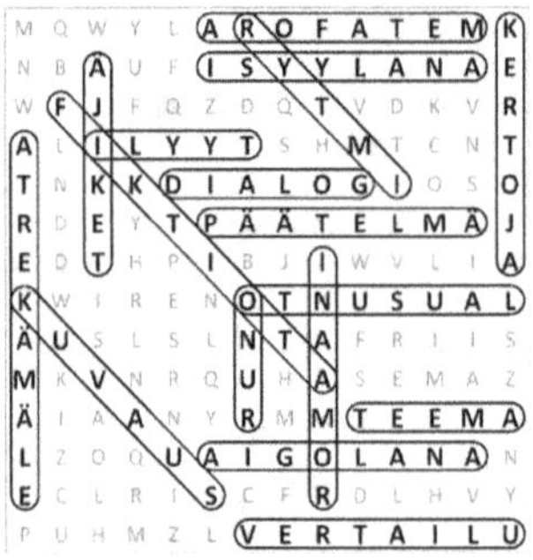

90 - Química

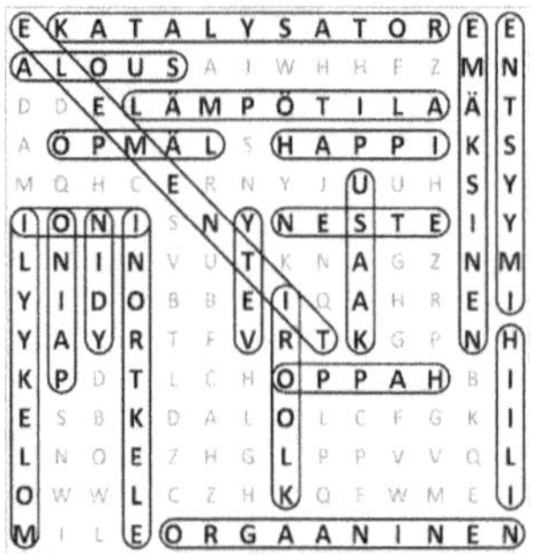

91 - Clima

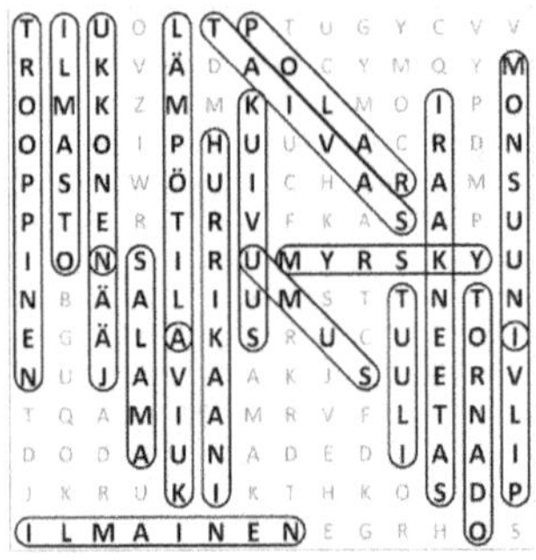

92 - Tecnologia

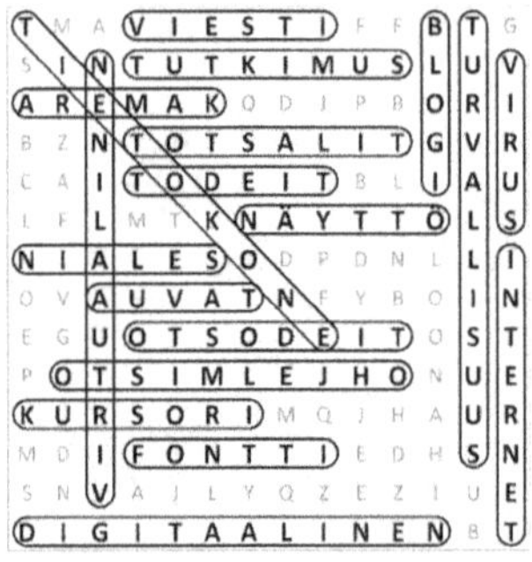

93 - Diplomacia

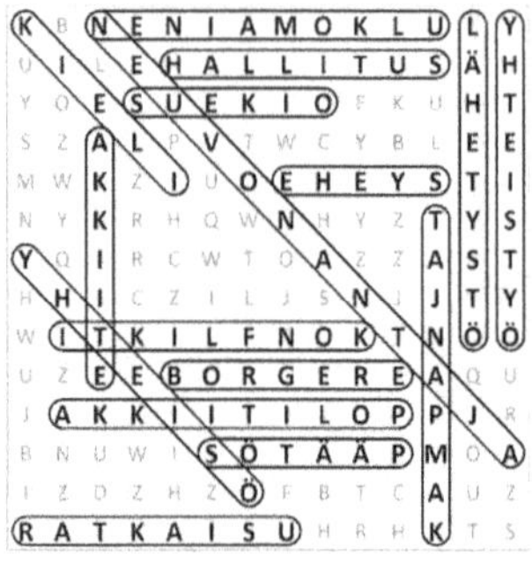

94 - Esportes

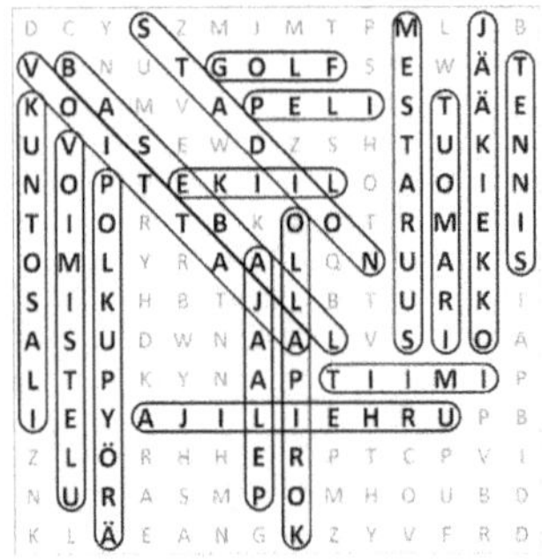

95 - Comida # 2

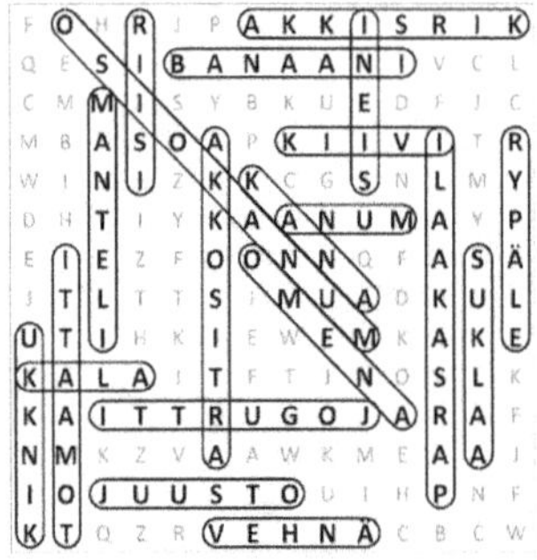

96 - Universo

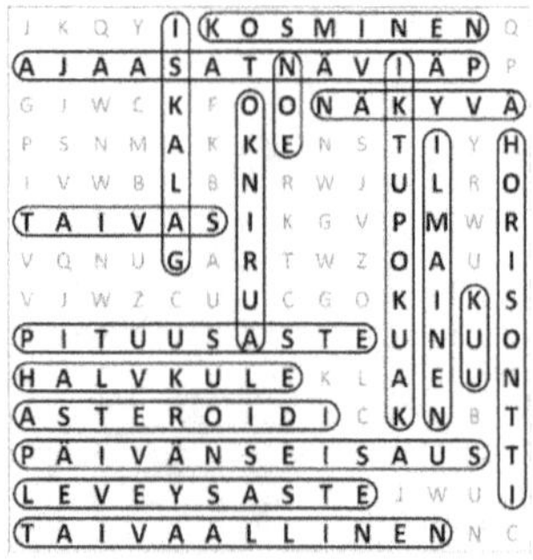

97 - Jazz

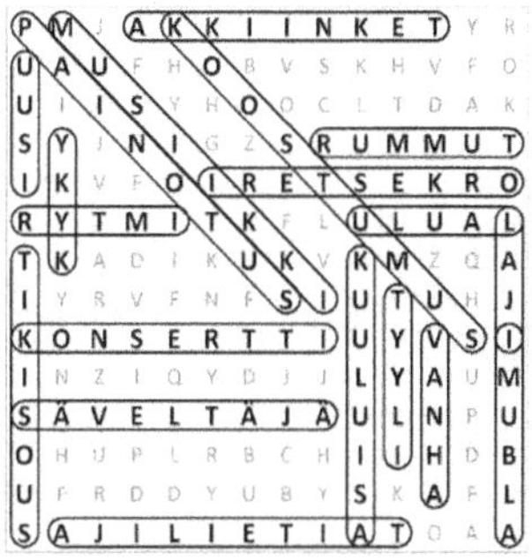

98 - Barcos

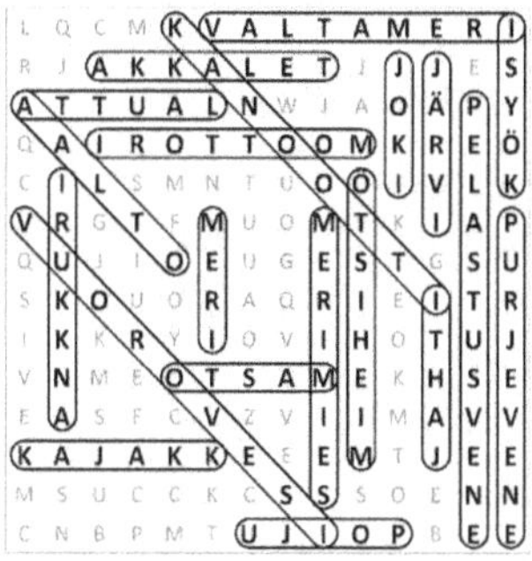

99 - Mamíferos

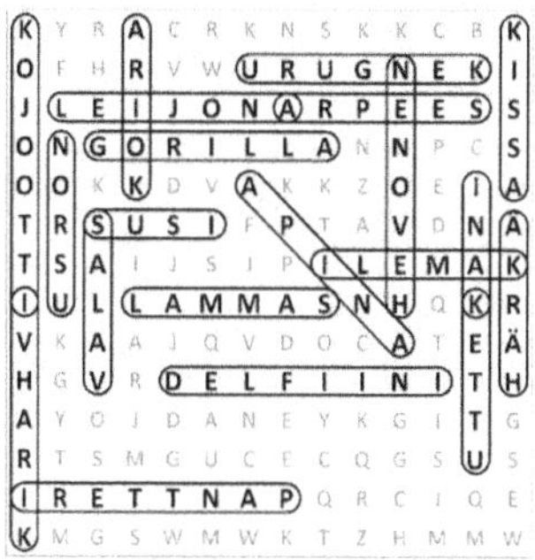

100 - Atividades e Lazer

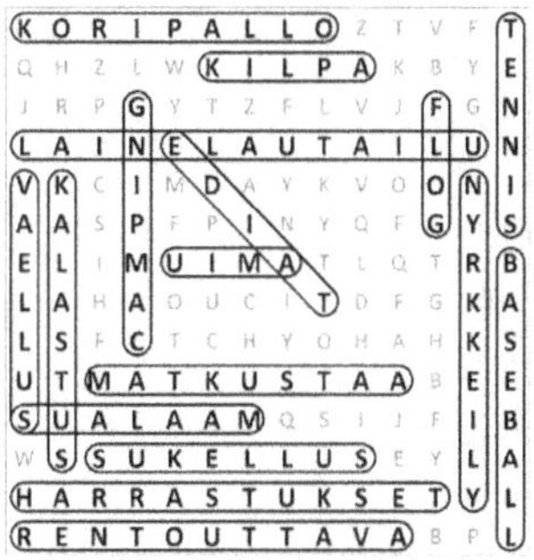

Dicionário

A Mídia
Media

Atitudes	Asenteet
Comercial	Kaupallinen
Comunicação	Viestintä
Digital	Digitaalinen
Edição	Painos
Educação	Koulutus
Fatos	Fakta
Financiamento	Rahoitus
Fotos	Kuvat
Individual	Yksilö
Indústria	Industri
Intelectual	Älyllinen
Jornais	Sanomalehti
Local	Paikallinen
Online	Verkossa
Opinião	Lausunto
Público	Julkinen
Rádio	Radio
Rede	Verkko
Televisão	Televisio

Acampamento
Telttailu

Animais	Eläimet
Aventura	Seikkailu
Árvores	Puu
Bússola	Kompassi
Cabine	Mökki
Caça	Metsästys
Canoa	Kanootti
Chapéu	Hattu
Corda	Köysi
Equipamento	Laitteet
Floresta	Metsä
Fogo	Antaa Potkut
Inseto	Hyönteinen
Lago	Järvi
Lua	Kuu
Maca	Riippumatto
Mapa	Kartta
Montanha	Vuori
Natureza	Luonto
Tenda	Teltta

Adjetivos #1
Adjektiivit #1

Absoluto	Ehdoton
Aromático	Aromaattinen
Artístico	Taiteellinen
Atraente	Viehättävä
Enorme	Valtava
Escuro	Tumma
Exótico	Eksotisk
Fino	Ohut
Generoso	Antelias
Grande	Suuri
Honesto	Rehellinen
Idêntico	Identtinen
Importante	Tärkeä
Lento	Hidas
Misterioso	Salaperäinen
Moderno	Moderni
Perfeito	Täydellinen
Pesado	Raskas
Sério	Vakava
Valioso	Arvokas

Adjetivos #2
Adjektiivit #2

Autêntico	Aito
Criativo	Luova
Descritivo	Kuvaus
Dotado	Lahjakas
Elegante	Tyylikäs
Famoso	Kuuluisa
Forte	Vahva
Grosso	Paksu
Natural	Luonnollinen
Normal	Normaali
Novo	Uusi
Orgulhoso	Ylpeä
Produtivo	Tuottava
Puro	Puhdas
Quente	Kuuma
Responsável	Vastuullinen
Salgado	Suolainen
Saudável	Terve
Seco	Kuiva
Selvagem	Villi

Animais de Estimação
Lemmikki

Água	Vesi
Cabra	Vuohi
Cachorro	Pentu
Cauda	Pyrstö
Cão	Koira
Coelho	Kani
Colarinho	Kaulus
Garras	Kynnet
Gatinho	Kattunge
Gato	Kissa
Hamster	Hamsteri
Lagarto	Lisko
Mouse	Hiiri
Papagaio	Papukaija
Peixe	Kala
Tartaruga	Kilpikonna
Vaca	Lehmä
Veterinário	Eläinlääkäri

Antártica
Antarktis

Ambiente	Ympäristö
Água	Vesi
Baía	Lahti
Baleias	Valas
Científico	Tieteellinen
Conservação	Säilyttäminen
Continente	Maanosa
Expedição	Retkikunta
Geleiras	Isbreer
Gelo	Jään
Geografia	Maantiede
Ilhas	Saaret
Investigador	Tutkija
Migração	Muutto
Minerais	Mineraali
Península	Niemimaa
Pinguins	Pingviinit
Rochoso	Kivinen
Temperatura	Lämpötila
Topografia	Topografia

Antiguidades
Antiikki

Arte	Taide
Autêntico	Aito
Decorativo	Koriste
Elegante	Tyylikäs
Entusiasta	Harrastaja
Escultura	Veistos
Estilo	Tyyli
Galeria	Galleria
Incomum	Epätavallinen
Investimento	Sijoitus
Item	Erä
Leilão	Huutokauppa
Mobiliário	Huonekalu
Moedas	Kolikot
Preço	Hinta
Qualidade	Laatu
Restauração	Entisöinti
Século	Vuosisata
Valor	Arvo
Velho	Vanha

Arqueologia
Arkeologia

Análise	Analyysi
Antiguidade	Antiikin
Avaliação	Arviointi
Civilização	Sivilisaatio
Descendente	Jälkeläinen
Desconhecido	Tuntematon
Equipe	Tiimi
Era	Aikakausi
Especialista	Asiantuntija
Esquecido	Unohdettu
Fóssil	Fossiili
Fragmentos	Fragmentteja
Investigador	Tutkija
Mistério	Mysteeri
Objetos	Objekti
Ossos	Luut
Professor	Professori
Relíquia	Jäänne
Templo	Temppeli
Túmulo	Hauta

Artes Visuais
Kuvataide

Argila	Savi
Arquitetura	Arkkitehtuuri
Artista	Taiteilija
Caneta	Kynä
Cavalete	Maalausteline
Cera	Parafiini
Cerâmica	Keramiikka
Composição	Koostumus
Criatividade	Luovuus
Escultura	Veistos
Filme	Elokuva
Fotografia	Valokuva
Giz	Liitu
Lápis	Lyijykynä
Obra-Prima	Mestariteos
Perspectiva	Näkökulma
Pintura	Maalaus
Retrato	Muotokuva
Verniz	Lakka

Astronomia
Tähtitiede

Asteróide	Asteroidi
Astronauta	Astronautti
Celestial	Taivaallinen
Céu	Taivas
Constelação	Tähdistö
Cosmos	Kosmos
Eclipse	Pimennys
Equinócio	Jevndøgn
Foguete	Raketti
Galáxia	Galaksi
Gravidade	Painovoima
Lua	Kuu
Meteoro	Meteori
Nebulosa	Sumu
Observatório	Observatorio
Planeta	Planeetta
Radiação	Säteily
Solar	Aurinko
Supernova	Supernova
Terra	Maa

Atividades e Lazer
Toiminta ja Vapaa-Aika

Acampamento	Camping
Arte	Taide
Basquete	Koripallo
Beisebol	Baseball
Boxe	Nyrkkeily
Caminhada	Vaellus
Corrida	Kilpa
Futebol	Jalkapallo
Golfe	Golf
Hobbies	Harrastukset
Mergulho	Sukellus
Natação	Uima
Pesca	Kalastus
Pintura	Maalaus
Relaxante	Rentouttava
Surfe	Lainelautailu
Tênis	Tennis
Viagem	Matkustaa
Voleibol	Lentopallo

Aventura
Seikkailu

Alegria	Ilo
Amigos	Ystävä
Atividade	Toiminta
Beleza	Kauneus
Chance	Mahdollisuus
Desafios	Haasteet
Destino	Kohde
Dificuldade	Vaikeus
Entusiasmo	Innostus
Excursão	Retki
Incomum	Epätavallinen
Itinerário	Matka
Natureza	Luonto
Navegação	Navigointi
Novo	Uusi
Perigoso	Vaarallinen
Segurança	Turvallisuus
Surpreendente	Yllättävä
Viagens	Matkustaa

Aviões
Lentokone

Altura	Korkeus
Ar	Ilma
Aterrissagem	Lasku
Atmosfera	Ilmainen
Aventura	Seikkailu
Balão	Ilmapallo
Céu	Taivas
Combustível	Polttoaine
Construção	Rakentaminen
Descida	Laskeutuminen
Direção	Suunta
Hidrogênio	Vety
História	Historia
Motor	Moottori
Navegar	Navigoida
Passageiro	Matkustaja
Piloto	Pilotti
Tempo	Sää
Tripulação	Miehistö
Turbulência	Turbulenssi

Água
Vesi

Canal	Kanava
Chuva	Sade
Chuveiro	Suihku
Evaporação	Haihtuminen
Furacão	Hurrikaani
Geada	Pakkanen
Gelo	Jään
Geyser	Geysir
Inundação	Tulva
Irrigação	Kastelu
Lago	Järvi
Monção	Monsuuni
Neve	Lumi
Oceano	Valtameri
Ondas	Aalto
Rio	Joki
Umidade	Kosteus
Vapor	Höyry

Álgebra
Algebra

Diagrama	Kaavio
Divisão	Jako
Equação	Yhtälö
Expoente	Eksponentti
Falso	Väärä
Fator	Tekijä
Fórmula	Kaava
Fração	Jae
Infinito	Ääretön
Linear	Lineaarinen
Matriz	Matriisi
Número	Numero
Parêntese	Parentes
Problema	Ongelma
Quantidade	Määrä
Solução	Ratkaisu
Soma	Summa
Subtração	Vähennys
Variável	Muuttuja
Zero	Nolla

Balé
Baletti

Artístico	Taiteellinen
Bailarina	Ballerina
Compositor	Säveltäjä
Coreografia	Koreografia
Dançarinos	Tanssijat
Ensaio	Harjoitukset
Estilo	Tyyli
Expressivo	Ilmeikäs
Gesto	Ele
Habilidade	Taito
Intensidade	Intensiteetti
Músculos	Lihakset
Música	Musiikki
Orquestra	Orkesteri
Prática	Harjoitella
Público	Yleisö
Ritmo	Rytmi
Técnica	Tekniikka

Barcos
Veneitä

Âncora	Ankkuri
Balsa	Lautta
Bote	Pelastusvene
Bóia	Poiju
Caiaque	Kajakk
Canoa	Kanootti
Corda	Köysi
Doca	Telakka
Iate	Jahti
Lago	Järvi
Mar	Meri
Maré	Vuorovesi
Marinheiro	Merimies
Mastro	Masto
Motor	Moottori
Oceano	Valtameri
Ondas	Aalto
Rio	Joki
Tripulação	Miehistö
Veleiro	Purjevene

Beleza
Kauneus

Batom	Leppestift
Cachos	Kiharat
Charme	Viehätys
Cor	Väri
Cosméticos	Kosmetiikka
Elegante	Tyylikäs
Elegância	Eleganssi
Espelho	Peili
Estilista	Stylisti
Fotogênico	Fotogen
Fragrância	Tuoksu
Graça	Armo
Maquiagem	Meikki
Óleos	Öljyt
Pele	Iho
Rímel	Ripsiväri
Serviços	Palvelut
Suave	Sileä
Tesoura	Sakset
Xampu	Shampoo

Caminhada
Patikointi

Acampamento	Camping
Animais	Eläimet
Água	Vesi
Botas	Saappaat
Cansado	Väsynyt
Clima	Ilmasto
Cume	Kokous
Mapa	Kartta
Montanha	Vuori
Natureza	Luonto
Orientação	Suunta
Parques	Puistot
Pedras	Kivi
Penhasco	Kallio
Perigos	Vaarat
Pesado	Raskas
Selvagem	Villi
Sol	Aurinko
Tempo	Sää

Casa
Talo

Biblioteca	Kirjasto
Cerca	Aita
Chaminé	Savupiippu
Chaves	Nøkler
Chuveiro	Suihku
Cortinas	Verhot
Cozinha	Keittiö
Espelho	Peili
Garagem	Autotalli
Janela	Ikkuna
Jardim	Puutarha
Lareira	Takka
Mobiliário	Huonekalu
Parede	Seinä
Porta	Ovi
Quarto	Huone
Sótão	Ullakko
Tapete	Matto
Torneira	Hana
Vassoura	Luuta

Chocolate
Suklaa

Açúcar	Sokeri
Amargo	Katkera
Amendoins	Maapähkinät
Aroma	Aromi
Artesanal	Artisanal
Cacau	Kaakao
Calorias	Kalori
Caramelo	Karamelli
Coco	Kokosnøtt
Comer	Syödä
Delicioso	Herkullinen
Doce	Makea
Exótico	Eksotisk
Favorito	Suosikki
Gosto	Maku
Ingrediente	Ainesosa
Pó	Jauhe
Qualidade	Laatu
Receita	Resepti

Churrascos
Grilli

Almoço	Lounas
Convite	Kutsu
Crianças	Lapset
Facas	Veitset
Família	Perhe
Fome	Nälkä
Frango	Kana
Fruta	Hedelmä
Grelha	Grilli
Jantar	Illallinen
Jogos	Pelit
Legumes	Vihannes
Molho	Kastike
Música	Musiikki
Pimenta	Pippuri
Quente	Kuuma
Sal	Suola
Saladas	Salaatit
Tomates	Tomaatit
Verão	Kesä

Cidade
Kaupunki

Aeroporto	Lufthavn
Banco	Pankki
Biblioteca	Kirjasto
Cinema	Elokuva
Clínica	Klinikka
Escola	Koulu
Estádio	Stadion
Farmácia	Apteekki
Galeria	Galleria
Hotel	Hotelli
Jardim Zoológico	Eläintarha
Livraria	Kirjakauppa
Mercado	Markkina
Museu	Museo
Padaria	Leipomo
Restaurante	Ravintola
Salão	Salonki
Supermercado	Supermarket
Teatro	Teatteri
Universidade	Yliopisto

Ciência
Tiede

Átomo	Atomi
Cientista	Tiedemies
Clima	Ilmasto
Dados	Tiedot
Evolução	Evoluutio
Fato	Tosiasia
Física	Fysiikka
Fóssil	Fossiili
Gravidade	Painovoima
Hipótese	Hypoteesi
Laboratório	Laboratorio
Método	Menetelmä
Minerais	Mineraali
Moléculas	Molekyyli
Natureza	Luonto
Observação	Havainto
Organismo	Organismi
Partículas	Hiukset
Plantas	Kasvit
Químico	Kemiallinen

Circo
Sirkus

Acrobata	Akrobat
Animais	Eläimet
Balões	Ballonger
Bilhete	Lippu
Desfile	Paraati
Elefante	Norsu
Entreter	Viihdyttää
Espectador	Katsoja
Leão	Leijona
Macaco	Apina
Magia	Taika
Malabarista	Jonglööri
Mágico	Taikuri
Música	Musiikki
Tenda	Teltta
Tigre	Tiikeri
Traje	Puku
Truque	Temppu

Clima
Sää

Arco-Íris	Sateenkaari
Atmosfera	Ilmainen
Calmo	Rauhallinen
Céu	Taivas
Clima	Ilmasto
Furacão	Hurrikaani
Gelo	Jään
Monção	Monsuuni
Nevoeiro	Sumu
Nuvem	Pilvi
Polar	Polar
Relâmpago	Salama
Seca	Kuivuus
Seco	Kuiva
Temperatura	Lämpötila
Tempestade	Myrsky
Tornado	Tornado
Tropical	Trooppinen
Trovão	Ukkonen
Vento	Tuuli

Comida # 2
Ruoka #2

Alcachofra	Artisokka
Amêndoa	Manteli
Arroz	Riisi
Banana	Banaani
Beringela	Munakoiso
Brócolis	Parsakaali
Cereja	Kirsikka
Chocolate	Suklaa
Cogumelo	Sieni
Frango	Kana
Iogurte	Jogurtti
Kiwi	Kiivi
Maçã	Omena
Ovo	Muna
Peixe	Kala
Presunto	Kinkku
Queijo	Juusto
Tomate	Tomaatti
Trigo	Vehnä
Uva	Rypäle

Comida #1
Ruoka #1

Açúcar	Sokeri
Alho	Valkosipuli
Amendoim	Maapähkinä
Atum	Tunfisk
Bolo	Kakku
Canela	Kaneli
Cebola	Sipuli
Cenoura	Porkkana
Cevada	Ohra
Damasco	Aprikoosi
Espinafre	Pinaatti
Leite	Maito
Limão	Sitruuna
Manjericão	Basilika
Morango	Mansikka
Nabo	Nauris
Sal	Suola
Salada	Salaatti
Sopa	Suppe
Suco	Mehu

Corpo Humano
Ihmiskehon

Boca	Suu
Cabeça	Pää
Cérebro	Aivot
Coração	Sydän
Cotovelo	Kyynärpää
Dedo	Sormi
Joelho	Polvi
Lábios	Huulet
Mão	Käsi
Nariz	Nenä
Olho	Silmä
Ombro	Olkapää
Orelha	Korva
Pele	Iho
Perna	Jalka
Pescoço	Kaula
Queixo	Leuka
Sangue	Veri
Testa	Otsa
Tornozelo	Nilkka

Cozinha
Keittiö

Avental	Esiliina
Chaleira	Kattila
Colheres	Lusikat
Comer	Syödä
Concha	Kauha
Cups	Kupit
Especiarias	Mausteet
Esponja	Sieni
Facas	Veitset
Forno	Uuni
Freezer	Pakastin
Garfos	Gafler
Geladeira	Jääkaappi
Grelha	Grilli
Guardanapo	Lautasliina
Jar	Purkki
Jarro	Kannu
Pauzinhos	Syömäpuikot
Receita	Resepti
Tigela	Kulho

Criatividade
Luovuus

Artístico	Taiteellinen
Autenticidade	Aitous
Clareza	Selkeys
Dramático	Dramaattinen
Espontânea	Spontaani
Expressão	Ilmaisu
Fluidez	Juoksevuus
Habilidade	Taito
Imagem	Kuva
Imaginação	Mielikuvitus
Impressão	Vaikutelma
Inspiração	Innoitus
Intensidade	Intensiteetti
Intuição	Intuitio
Inventivo	Kekseliäs
Sensação	Tunne
Visões	Visioita
Vitalidade	Elinvoima

Dança
Tanssi

Academia	Akatemia
Alegre	Iloinen
Arte	Taide
Clássico	Klassinen
Coreografia	Koreografia
Corpo	Keho
Cultura	Kulttuuri
Emoção	Tunne
Ensaio	Harjoitukset
Expressivo	Ilmeikäs
Graça	Armo
Movimento	Liike
Música	Musiikki
Parceiro	Kumppani
Postura	Ryhti
Ritmo	Rytmi
Tradicional	Perinteinen
Visual	Visuaalinen

Dias e Meses
Päivät ja Kuukaudet

Abril	Huhtikuu
Agosto	Elokuu
Ano	Vuosi
Calendário	Kalenteri
Dezembro	Joulukuu
Domingo	Sunnuntai
Fevereiro	Helmikuu
Janeiro	Tammikuu
Julho	Heinäkuu
Junho	Kesäkuu
Mês	Kuukausi
Novembro	Marraskuu
Outubro	Lokakuu
Quinta-Feira	Torstai
Sábado	Lauantai
Segunda-Feira	Maanantai
Semana	Viikko
Setembro	Syyskuu
Sexta-Feira	Perjantai
Terça	Tiistai

Diplomacia
Diplomatia

Campanhas	Kampanjat
Cidadãos	Borgere
Comunidade	Yhteisö
Conflito	Konflikti
Consultor	Neuvonantaja
Cooperação	Yhteistyö
Discussão	Keskustelu
Embaixada	Lähetystö
Estrangeiro	Ulkomainen
Ética	Etiikka
Governo	Hallitus
Integridade	Eheys
Justiça	Oikeus
Línguas	Kieli
Política	Politiikka
Resolução	Päätös
Segurança	Turvallisuus
Solução	Ratkaisu
Tratado	Sopimus

Dirigindo
Ajo

Acidente	Onnettomuus
Carro	Auto
Combustível	Polttoaine
Cuidado	Varoitus
Estrada	Tie
Freios	Jarrut
Garagem	Autotalli
Gás	Kaasu
Licença	Lisenssi
Mapa	Kartta
Motocicleta	Moottoripyörä
Motor	Moottori
Pedestre	Jalankulkija
Perigo	Vaara
Polícia	Poliisi
Rua	Katu
Segurança	Turvallisuus
Transporte	Kuljetus
Tráfego	Liikenne
Túnel	Tunneli

Disciplinas Científicas
Tieteelliset Alat

Anatomia	Anatomia
Arqueologia	Arkeologia
Astronomia	Tähtitiede
Biologia	Biologia
Bioquímica	Biokemia
Botânica	Kasvitiede
Cinesiologia	Kinesiologia
Ecologia	Ekologia
Fisiologia	Fysiologia
Geologia	Geologia
Imunologia	Immunologia
Linguística	Kielitiede
Mecânica	Mekaniikka
Meteorologia	Meteorologia
Mineralogia	Mineralogia
Neurologia	Neurologia
Psicologia	Psykologia
Química	Kemia
Sociologia	Sosiologia
Zoologia	Eläintiede

Edifícios
Rakennukset

Apartamento	Huoneisto
Castelo	Linna
Celeiro	Lato
Cinema	Elokuva
Embaixada	Lähetystö
Escola	Koulu
Estádio	Stadion
Fazenda	Maatila
Fábrica	Tehdas
Garagem	Autotalli
Hospital	Sairaala
Hotel	Hotelli
Laboratório	Laboratorio
Museu	Museo
Observatório	Observatorio
Supermercado	Supermarket
Teatro	Teatteri
Tenda	Teltta
Torre	Torni
Universidade	Yliopisto

Emoções
Tunteita

Alegria	Ilo
Amor	Rakkaus
Animado	Innoissaan
Bem-Aventurança	Autuus
Bondade	Ystävällisyys
Calmo	Rauhallinen
Conteúdo	Sisältö
Grato	Kiitollinen
Medo	Pelko
Paz	Rauha
Raiva	Suututtaa
Relaxado	Rento
Satisfeito	Tyytyväinen
Simpatia	Myötätunto
Ternura	Hellyys
Tédio	Ikävystyminen
Tranquilidade	Rauhallisuus
Tristeza	Surullisuus

Energia
Energiaa

Ambiente	Ympäristö
Bateria	Akku
Calor	Lämpö
Carbono	Hiili
Combustível	Polttoaine
Diesel	Diesel
Elétrico	Sähköinen
Elétron	Elektroni
Entropia	Entropia
Fóton	Fotoni
Gasolina	Bensiini
Hidrogênio	Vety
Indústria	Industri
Motor	Moottori
Nuclear	Ydin
Poluição	Forurensning
Renovável	Uusiutuva
Sol	Aurinko
Turbina	Turbiini
Vento	Tuuli

Engenharia
Suunnittelu

Atrito	Kitka
Ângulo	Kulma
Cálculo	Laskeminen
Construção	Rakentaminen
Diagrama	Kaavio
Diâmetro	Halkaisija
Diesel	Diesel
Dimensões	Mitat
Distribuição	Jakelu
Eixo	Akseli
Energia	Energia
Estabilidade	Vakaus
Estrutura	Rakenne
Força	Vahvuus
Líquido	Neste
Máquina	Kone
Medição	Mittaus
Motor	Moottori
Profundidade	Syvyys
Propulsão	Propulsio

Especiarias
Mausteita

Açafrão	Maustesahrami
Alcaçuz	Lakritsi
Alho	Valkosipuli
Amargo	Katkera
Anis	Anis
Azedo	Hapan
Baunilha	Vanilja
Canela	Kaneli
Cardamomo	Kardemumma
Caril	Curry
Cebola	Sipuli
Coentro	Korianteri
Cominho	Kumina
Cravo	Kynsi
Doce	Makea
Funcho	Fenkoli
Gengibre	Inkivääri
Pimenta	Pippuri
Sabor	Maku
Sal	Suola

Esporte
Urheilu

Alongamento	Venyttely
Atleta	Urheilija
Capacidade	Kyky
Cardiovascular	Sydän
Ciclismo	Pyöräily
Corpo	Keho
Dançando	Tanssit
Dieta	Ruokavalio
Esportes	Urheilu
Força	Vahvuus
Jogging	Hölkkä
Maximizar	Maksimoida
Músculos	Lihakset
Nutrição	Ravitsemus
Objetivo	Tavoite
Ossos	Luut
Programa	Ohjelmoida
Resistência	Kestävyys
Saúde	Terveys
Treinador	Valmentaja

Esportes
Urheilu

Atleta	Urheilija
Árbitro	Tuomari
Basquete	Koripallo
Beisebol	Baseball
Bicicleta	Polkupyörä
Campeonato	Mestaruus
Equipe	Tiimi
Estádio	Stadion
Ganhador	Voittaja
Ginásio	Kuntosali
Ginástica	Voimistelu
Golfe	Golf
Hóquei	Jääkiekko
Jogador	Pelaaja
Jogo	Peli
Movimento	Liike
Tênis	Tennis
Treinador	Valmentaja

Família
Perhe

Antepassado	Stamfar
Avó	Isoäiti
Criança	Lapsi
Crianças	Lapset
Esposa	Vaimo
Filha	Tytär
Infância	Lapsuus
Irmã	Sisko
Irmão	Veli
Marido	Mies
Materno	Äidin
Mãe	Äiti
Neto	Pojanpoika
Pai	Isä
Paterno	Isän
Primo	Serkku
Sobrinha	Veljentytär
Sobrinho	Veljenpoika
Tia	Täti
Tio	Setä

Fazenda #1
Maatila nro 1

Abelha	Mehiläinen
Agricultura	Maatalous
Arroz	Riisi
Água	Vesi
Bezerro	Vasikka
Burro	Aasi
Cabra	Vuohi
Campo	Kenttä
Cavalo	Hevonen
Cão	Koira
Cerca	Aita
Corvo	Varis
Feno	Heinä
Fertilizante	Lannoite
Frango	Kana
Gato	Kissa
Mel	Hunaja
Porco	Sika
Rebanho	Parvi
Vaca	Lehmä

Fazenda #2
Maatila # 2

Agricultor	Viljelijä
Animais	Eläimet
Celeiro	Lato
Cevada	Ohra
Colmeia	Mehiläispesä
Cordeiro	Karitsa
Fruta	Hedelmä
Irrigação	Kastelu
Leite	Maito
Lhama	Laama
Maduro	Kypsä
Milho	Maissi
Ovelha	Lammas
Pastor	Paimen
Pato	Ankka
Pomar	Hedelmätarha
Prado	Niitty
Trator	Traktori
Trigo	Vehnä
Vegetal	Vihannes

Férias #2
Loma #2

Aeroporto	Lufthavn
Destino	Kohde
Estrangeiro	Ulkomaalainen
Feriado	Loma
Fotos	Kuvat
Hotel	Hotelli
Ilha	Saari
Lazer	Vapaa
Mapa	Kartta
Mar	Meri
Montanhas	Vuoret
Passaporte	Passi
Praia	Ranta
Reservas	Varaukset
Restaurante	Ravintola
Táxi	Taksi
Tenda	Teltta
Transporte	Kuljetus
Viagem	Matka
Visto	Viisumi

Ficção Científica
Tieteiskirjallisuus

Cenário	Skenaario
Cinema	Elokuva
Distante	Kaukainen
Distopia	Dystopia
Explosão	Räjähdys
Extremo	Äärimmäinen
Fantástico	Fantastinen
Fogo	Antaa Potkut
Futurista	Futuristinen
Galáxia	Galaksi
Ilusão	Illuusio
Livros	Kirjat
Misterioso	Salaperäinen
Mundo	Maailma
Oráculo	Oraakkeli
Planeta	Planeetta
Realista	Realistinen
Robôs	Robotti
Tecnologia	Teknologia
Utopia	Utopia

Filantropia
Hyväntekeväisyys

Comunidade	Yhteisö
Contatos	Yhteystiedot
Crianças	Lapset
Desafios	Haasteet
Doar	Lahjoittaa
Finança	Rahoitus
Fundos	Varat
Generosidade	Gavmildhet
Grupos	Ryhmät
História	Historia
Honestidade	Rehellisyys
Humanidade	Ihmiskunta
Juventude	Nuori
Missão	Tehtävä
Objetivos	Tavoitteet
Pessoas	Ihmiset
Programas	Ohjelmat
Público	Julkinen

Física
Fysiikka

Aceleração	Kiihdytys
Átomo	Atomi
Caos	Kaaos
Densidade	Tiheys
Elétron	Elektroni
Fórmula	Kaava
Frequência	Taajuus
Gás	Kaasu
Gravidade	Painovoima
Magnetismo	Magnetismi
Massa	Massa
Mecânica	Mekaniikka
Molécula	Molekyyli
Motor	Moottori
Nuclear	Ydin
Partícula	Hiukkanen
Químico	Kemiallinen
Relatividade	Suhteellisuus
Universal	Yleistä
Velocidade	Nopeus

Flores
Kukkia

Buquê	Kimppu
Dente-De-Leão	Voikukka
Gardênia	Gardenia
Girassol	Auringonkukka
Hibisco	Hibiscus
Jasmim	Jasmiini
Lavanda	Laventeli
Lilás	Liila
Lírio	Lilja
Magnólia	Magnolia
Margarida	Päivänkakkara
Orquídea	Orkidea
Papoula	Unikko
Peônia	Pioni
Pétala	Terälehti
Plumeria	Plumeria
Rosa	Ruusu
Trevo	Apila
Tulipa	Tulppaani

Força e Gravidade
Voima ja Painovoima

Atrito	Kitka
Centro	Keskusta
Descoberta	Löytö
Dinâmico	Dynaaminen
Distância	Etäisyys
Eixo	Akseli
Expansão	Laajennus
Física	Fysiikka
Impacto	Vaikutus
Magnetismo	Magnetismi
Magnitude	Suuruus
Mecânica	Mekaniikka
Movimento	Liike
Peso	Paino
Pressão	Paine
Propriedades	Kiinteistö
Rapidez	Nopeus
Tempo	Aika
Universal	Yleistä

Formas
Muodot

Arco	Kaari
Canto	Kulma
Cilindro	Sylinteri
Círculo	Ympyrä
Cone	Kartio
Cubo	Kuutio
Curva	Käyrä
Elipse	Ellipsi
Hipérbole	Hyperbeli
Lado	Side
Linha	Linja
Oval	Soikea
Pirâmide	Pyramidi
Polígono	Monikulmio
Prisma	Prisma
Quadrado	Neliö
Retângulo	Suorakulmio
Triângulo	Kolmio

Frutas
Hedelmä

Abacate	Avokado
Abacaxi	Ananas
Amora	Blackberry
Baga	Marja
Banana	Banaani
Cereja	Kirsikka
Coco	Kokosnøtt
Damasco	Aprikoosi
Figo	Viikuna
Framboesa	Vadelma
Goiaba	Guava
Kiwi	Kiivi
Laranja	Oranssi
Limão	Sitruuna
Maçã	Omena
Manga	Mango
Nectarina	Nektariini
Pera	Päärynä
Pêssego	Persikka
Uva	Rypäle

Geografia
Maantiede

Altitude	Korkeus
Atlas	Atlas
Cidade	Kaupunki
Continente	Maanosa
Hemisfério	Halvkule
Ilha	Saari
Latitude	Leveysaste
Longitude	Pituusaste
Mapa	Kartta
Mar	Meri
Meridiano	Meridiaani
Montanha	Vuori
Mundo	Maailma
Norte	Pohjoinen
Oceano	Valtameri
Oeste	Länsi
País	Maassa
Região	Alue
Rio	Joki
Sul	Etelä

Geologia
Geologia

Ácido	Happo
Camada	Kerros
Caverna	Luola
Cálcio	Kalsium
Continente	Maanosa
Coral	Koralli
Cristais	Crystal
Erosão	Eroosio
Estalactite	Stalactite
Estalagmites	Stalagmiitit
Fóssil	Fossiili
Lava	Lava
Minerais	Mineraali
Pedra	Kivi
Platô	Tasanko
Quartzo	Kvartsi
Sal	Suola
Terremoto	Maanjäristys
Vulcão	Volcano
Zona	Vyöhyke

Geometria
Geometria

Altura	Korkeus
Ângulo	Kulma
Cálculo	Laskeminen
Círculo	Ympyrä
Curva	Käyrä
Diâmetro	Halkaisija
Dimensão	Ulottuvuus
Equação	Yhtälö
Horizontal	Vaaka
Lógica	Logiikka
Massa	Massa
Mediana	Mediaani
Paralelo	Rinnakkainen
Proporção	Osa
Segmento	Segmentti
Simetria	Symmetria
Superfície	Pinta
Teoria	Teoria
Triângulo	Kolmio
Vertical	Loddrett

Governo
Hallitus

Cidadania	Kansalaisuus
Civil	Siviili-
Constituição	Konstitusjon
Democracia	Demokratia
Discurso	Puhe
Discussão	Keskustelu
Distrito	Piiri
Estado	Valtio
Igualdade	Tasa-Arvo
Judicial	Rettslig
Justiça	Oikeus
Lei	Laki
Liberdade	Vapaus
Líder	Johtaja
Monumento	Monumentti
Nacional	Kansallinen
Nação	Kansakunta
Pacífico	Rauhallinen
Política	Politiikka
Símbolo	Symboli

Herbalismo
Herbalismi

Açafrão	Maustesahrami
Alecrim	Rosmariini
Alho	Valkosipuli
Aromático	Aromaattinen
Benéfico	Hyödyllinen
Coentro	Korianteri
Estragão	Rakuuna
Flor	Kukka
Funcho	Fenkoli
Ingrediente	Ainesosa
Jardim	Puutarha
Lavanda	Laventeli
Manjericão	Basilika
Manjerona	Meirami
Planta	Kasvi
Qualidade	Laatu
Sabor	Maku
Salsa	Persilja
Tomilho	Timjami
Verde	Vihreä

Instrumentos Musicais
Soittimet

Bandolim	Mandoliini
Banjo	Banjo
Clarinete	Klarinetti
Fagote	Fagotti
Flauta	Huilu
Gaita	Huuliharppu
Gongo	Gong
Harpa	Harppu
Marimba	Marimba
Oboé	Oboe
Pandeiro	Tamburiini
Piano	Piano
Saxofone	Saksofoni
Tambor	Rumpu
Trombone	Pasuuna
Trompete	Trumpetti
Violão	Kitara
Violino	Viulu
Violoncelo	Sello

Jardim
Puutarha

Ancinho	Rake
Arbusto	Puska
Árvore	Puu
Banco	Penkki
Cerca	Aita
Ervas Daninhas	Ugress
Flor	Kukka
Garagem	Autotalli
Grama	Ruoho
Gramado	Nurmikko
Jardim	Puutarha
Lagoa	Lampi
Maca	Riippumatto
Mangueira	Letku
Pá	Lapio
Pomar	Hedelmätarha
Solo	Maaperä
Terraço	Terassi
Trampolim	Trampoliini
Varanda	Kuisti

Jardinagem
Puutarhanhoito

Água	Vesi
Buquê	Kimppu
Clima	Ilmasto
Comestível	Syötävä
Composto	Komposti
Espécies	Lajit
Exótico	Eksotisk
Floral	Kukka
Folha	Puun Lehti
Folhagem	Lehtien
Mangueira	Letku
Pomar	Hedelmätarha
Recipiente	Säiliö
Sazonal	Kausi
Sementes	Siemenet
Solo	Maaperä
Sujeira	Lika
Umidade	Kosteus

Jazz
Jazz

Artista	Taiteilija
Álbum	Albumi
Bateria	Rummut
Canção	Laulu
Composição	Koostumus
Compositor	Säveltäjä
Concerto	Konsertti
Estilo	Tyyli
Ênfase	Painotus
Famoso	Kuuluisa
Favoritos	Suosikit
Gênero	Laji
Improvisação	Improvisaatio
Música	Musiikki
Novo	Uusi
Orquestra	Orkesteri
Ritmo	Rytmi
Talento	Kyky
Técnica	Tekniikka
Velho	Vanha

Literatura
Kirjallisuus

Analogia	Analogia
Análise	Analyysi
Anedota	Anekdootti
Autor	Tekijä
Biografia	Elämäkerta
Comparação	Vertailu
Conclusão	Päätelmä
Descrição	Kuvaus
Diálogo	Dialog
Estilo	Tyyli
Ficção	Fiktiota
Metáfora	Metafora
Narrador	Kertoja
Opinião	Lausunto
Poema	Runo
Rima	Loppusointu
Ritmo	Rytmi
Romance	Romaani
Tema	Teema
Tragédia	Tragedia

Livros
Kirjat

Autor	Tekijä
Aventura	Seikkailu
Coleção	Kokoelma
Contexto	Konteksti
Dualidade	Kaksinaisuus
Escrito	Skriftlig
Épico	Eeppinen
História	Tarina
Inventivo	Kekseliäs
Leitor	Lukija
Narrador	Kertoja
Palavras	Sanat
Página	Sivu
Personagem	Merkki
Poema	Runo
Poesia	Runous
Relevante	Relevaantia
Romance	Romaani
Série	Sarja
Trágico	Traaginen

Mamíferos
Merinisäkkäiden

Baleia	Valas
Camelo	Kameli
Canguru	Kenguru
Cavalo	Hevonen
Cão	Koira
Coelho	Kani
Coiote	Kojootti
Elefante	Norsu
Gato	Kissa
Girafa	Kirahvi
Golfinho	Delfiini
Gorila	Gorilla
Leão	Leijona
Lobo	Susi
Macaco	Apina
Ovelha	Lammas
Pantera	Pantteri
Raposa	Kettu
Touro	Härkä
Zebra	Seepra

Matemática
Matematiikka

Aritmética	Aritmeettinen
Ângulos	Kulmat
Circunferência	Ympärysmitta
Decimal	Desimaali
Diâmetro	Halkaisija
Equação	Yhtälö
Expoente	Eksponentti
Fração	Jae
Geometria	Geometria
Paralelo	Rinnakkainen
Paralelogramo	Suunnikas
Perímetro	Kehä
Polígono	Monikulmio
Quadrado	Neliö
Raio	Säde
Retângulo	Suorakulmio
Simetria	Symmetria
Soma	Summa
Triângulo	Kolmio
Volume	Tilavuus

Material de Arte
Taide-Tarvikkeet

Acrílico	Akryyli
Apagador	Pyyhekumi
Aquarelas	Akvarellit
Argila	Savi
Água	Vesi
Cadeira	Tuoli
Cavalete	Maalausteline
Câmera	Kamera
Cola	Liima
Cores	Väri
Criatividade	Luovuus
Escovas	Harjat
Lápis	Kynä
Mesa	Pöytä
Óleo	Öljy
Papel	Paperi
Tinta	Muste
Tintas	Maalit

Medições
Mittaus

Altura	Korkeus
Byte	Tavu
Centímetro	Senttimetri
Comprimento	Pituus
Decimal	Desimaali
Grama	Gramma
Grau	Aste
Largura	Leveys
Litro	Litra
Massa	Massa
Metro	Mittari
Minuto	Minuutti
Onça	Unssi
Peso	Paino
Polegada	Tuuma
Profundidade	Syvyys
Quilograma	Kilogramma
Quilômetro	Kilometri
Tonelada	Tonni
Volume	Tilavuus

Meditação
Meditaatio

Aceitação	Hyväksyminen
Acordado	Hereillä
Aprender	Oppia
Atenção	Huomio
Bondade	Ystävällisyys
Clareza	Selkeys
Compaixão	Myötätunto
Emoções	Tunne
Gratidão	Kiitollisuus
Mental	Henkistä
Mente	Mieli
Movimento	Liike
Música	Musiikki
Natureza	Luonto
Observação	Havainto
Paz	Rauha
Pensamentos	Ajatuksia
Perspectiva	Näkökulma
Postura	Ryhti
Silêncio	Hiljaisuus

Mitologia
Mytologia

Arquétipo	Arketype
Céu	Taivas
Ciúmes	Kateus
Crenças	Uskomukset
Criação	Luominen
Criatura	Olento
Cultura	Kulttuuri
Desastre	Katastrofi
Força	Vahvuus
Guerreiro	Soturi
Heroína	Sankaritar
Herói	Sankari
Labirinto	Labyrintti
Lenda	Legenda
Mágico	Maaginen
Monstro	Hirviö
Mortal	Kuolevainen
Relâmpago	Salama
Trovão	Ukkonen
Vingança	Kosto

Moda
Muoti

Acessível	Edullinen
Bordado	Broderi
Botões	Painikkeet
Boutique	Boutique
Caro	Kallis
Confortável	Mukava
Elegante	Tyylikäs
Estilo	Tyyli
Medidas	Mitat
Moderno	Moderni
Modesto	Vaatimaton
Original	Alkuperäinen
Prático	Praktisk
Renda	Pitsi
Roupa	Vaate
Tecido	Kangas
Tendência	Suuntaus
Textura	Rakenne

Música
Musiikki

Álbum	Albumi
Balada	Balladi
Cantar	Laulaa
Cantor	Laulaja
Clássico	Klassinen
Coro	Kertosäe
Gravação	Äänite
Harmonia	Harmonia
Improvisar	Improvisoida
Instrumento	Väline
Lírico	Lyyrinen
Melodia	Melodia
Microfone	Mikrofoni
Musical	Musiikki
Músico	Muusikko
Ópera	Ooppera
Poético	Runollinen
Ritmo	Rytmi
Tempo	Tempo
Vocal	Laulu

Natureza
Luonto

Abelhas	Mehiläinen
Abrigo	Suoja
Animais	Eläimet
Ártico	Arktinen
Beleza	Kauneus
Deserto	Aavikko
Dinâmico	Dynaaminen
Erosão	Eroosio
Floresta	Metsä
Folhagem	Lehtien
Geleira	Jäätikkö
Montanhas	Vuoret
Nevoeiro	Sumu
Nuvens	Pilvi
Rio	Joki
Santuário	Pyhäkkö
Selvagem	Villi
Sereno	Rauhallinen
Tropical	Trooppinen
Vital	Tärkeä

Negócios
Liiketoimintaa

Carreira	Ura
Custo	Kustannus
Desconto	Alennus
Dinheiro	Raha
Economia	Talous
Empregado	Työntekijä
Empregador	Työnantaja
Empresa	Yhtiö
Escritório	Toimisto
Fábrica	Tehdas
Finança	Rahoitus
Impostos	Verot
Investimento	Sijoitus
Loja	Myymälä
Lucro	Voitto
Mercadoria	Tavara
Moeda	Valuutta
Orçamento	Budsjett
Rendimento	Tulo
Venda	Myynti

Nutrição
Ravitsemus

Amargo	Katkera
Apetite	Ruokahalu
Calorias	Kalori
Carboidratos	Karbohydrater
Comestível	Syötävä
Dieta	Ruokavalio
Digestão	Ruoansulatus
Equilibrado	Tasapainoinen
Fermentação	Käyminen
Líquidos	Nesteet
Molho	Kastike
Nutriente	Næringsstoff
Peso	Paino
Proteínas	Proteiini
Qualidade	Laatu
Sabor	Maku
Saudável	Terve
Saúde	Terveys
Toxina	Myrkky
Vitamina	Vitamiini

Números
Numerot

Cinco	Viisi
Decimal	Desimaali
Dez	Kymmenen
Dezesseis	Kuusitoista
Dois	Kaksi
Doze	Kaksitoista
Matemática	Matematiikka
Nove	Yhdeksän
Oito	Kahdeksan
Quatorze	Neljätoista
Quatro	Neljä
Quinze	Viisitoista
Seis	Kuusi
Sete	Seitsemän
Treze	Kolmetoista
Três	Kolme
Um	Yksi
Vinte	Kaksikymmentä
Zero	Nolla

Oceano
Valtameri

Alga	Levät
Atum	Tunfisk
Baleia	Valas
Barco	Vene
Camarão	Katkaravut
Caranguejo	Rapu
Coral	Koralli
Enguia	Ankerias
Esponja	Sieni
Golfinho	Delfiini
Marés	Tidevann
Medusa	Manet
Ostra	Osteri
Peixe	Kala
Polvo	Mustekala
Recife	Riutta
Sal	Suola
Tartaruga	Kilpikonna
Tempestade	Myrsky
Tubarão	Hai

Paisagens
Maisemat

Cascata	Vesiputous
Caverna	Luola
Colina	Mäki
Deserto	Aavikko
Geleira	Jäätikkö
Golfo	Kuilu
Iceberg	Jäävuori
Ilha	Saari
Lago	Järvi
Mar	Meri
Montanha	Vuori
Oásis	Keidas
Oceano	Valtameri
Pântano	Suo
Península	Niemimaa
Praia	Ranta
Rio	Joki
Tundra	Tundra
Vale	Laakso
Vulcão	Volcano

Países #1
Maat #1

Alemanha	Saksa
Brasil	Brasilia
Camboja	Kambodža
Canadá	Kanada
Egito	Egypti
Equador	Ecuador
Espanha	Espanja
Finlândia	Suomi
Iraque	Irak
Israel	Israel
Itália	Italia
Índia	Intia
Mali	Mali
Marrocos	Marokko
Nicarágua	Nicaragua
Noruega	Norja
Panamá	Panama
Polônia	Puola
Senegal	Senegal
Venezuela	Venezuela

Países #2
Maat #2

Albânia	Albania
Dinamarca	Tanska
França	Ranska
Grécia	Kreikka
Haiti	Haiti
Indonésia	Indonesia
Irlanda	Irlanti
Jamaica	Jamaika
Japão	Japani
Laos	Laos
Líbano	Libanon
México	Meksiko
Nepal	Nepal
Nigéria	Nigeria
Paquistão	Pakistan
Rússia	Venäjä
Síria	Syyria
Somália	Somalia
Ucrânia	Ukraina
Uganda	Uganda

Pássaros
Linnut

Avestruz	Strutsi
Águia	Kotka
Canário	Kanarifugl
Cegonha	Haikara
Cisne	Joutsen
Corvo	Varis
Cuco	Käki
Flamingo	Flamingo
Frango	Kana
Gaivota	Lokki
Ganso	Hanhi
Ovo	Muna
Papagaio	Papukaija
Pardal	Varpunen
Pato	Ankka
Pavão	Riikinkukko
Pelicano	Pelikaani
Pinguim	Pingviini
Pombo	Kyyhkynen
Tucano	Toukaanin

Pesca
Kalastus

Água	Vesi
Barbatanas	Evät
Barco	Vene
Brânquias	Gjellene
Cesta	Kori
Cozinhar	Kokki
Equipamento	Laitteet
Exagero	Overdrivelse
Gancho	Koukku
Isca	Syötti
Lago	Järvi
Mandíbula	Leuka
Oceano	Valtameri
Paciência	Tålmodighet
Peso	Paino
Praia	Ranta
Rio	Joki
Temporada	Kausi

Plantas
Kasveja

Arbusto	Puska
Árvore	Puu
Baga	Marja
Bambu	Bambu
Botânica	Kasvitiede
Cacto	Kaktus
Erva	Yrtti
Feijão	Papu
Fertilizante	Lannoite
Flor	Kukka
Flora	Kasvisto
Floresta	Metsä
Folhagem	Lehtien
Grama	Ruoho
Hera	Muratti
Jardim	Puutarha
Musgo	Sammal
Pétala	Terälehti
Raiz	Juuri
Vegetação	Kasvillisuus

Política

Politiikka

Ativista	Aktivisti
Campanha	Kampanja
Candidato	Ehdokas
Comitê	Komitea
Conselho	Neuvosto
Escolha	Valinta
Estratégia	Strategia
Ética	Etiikka
Governo	Hallitus
Igualdade	Tasa-Arvo
Impostos	Verot
Liberdade	Vapaus
Nacional	Kansallinen
Opinião	Lausunto
Política	Politiikka
Político	Poliitikko
Popularidade	Suosio
Vitória	Voitto

Profissões #1

Ammatit nro 1

Advogado	Asianajaja
Alfaiate	Räätälöidä
Artista	Taiteilija
Atleta	Urheilija
Banqueiro	Pankkiiri
Bombeiro	Palomies
Caçador	Metsästäjä
Cartógrafo	Kartografi
Cientista	Tiedemies
Dançarino	Tanssija
Editor	Redaktør
Encanador	Putkimies
Enfermeira	Hoitaja
Geólogo	Geologi
Joalheiro	Kultaseppä
Marinheiro	Merimies
Músico	Muusikko
Pianista	Pianisti
Psicólogo	Psykologi
Veterinário	Eläinlääkäri

Profissões #2

Ammatit #2

Agricultor	Viljelijä
Astronauta	Astronautti
Biólogo	Biologi
Cirurgião	Kirurgi
Dentista	Hammaslääkäri
Detetive	Etsivä
Editor	Kustantaja
Engenheiro	Insinööri
Filósofo	Filosofi
Fotógrafo	Valokuvaaja
Ilustrador	Kuvittaja
Inventor	Keksijä
Investigador	Tutkija
Jardineiro	Puutarhuri
Jornalista	Toimittaja
Médico	Lääkäri
Piloto	Pilotti
Pintor	Taidemaalari
Político	Poliitikko
Professor	Opettaja

Química

Kemia

Alcalino	Emäksinen
Ácido	Happo
Calor	Lämpö
Carbono	Hiili
Catalisador	Katalysator
Cloro	Kloori
Elementos	Elementit
Elétron	Elektroni
Enzima	Entsyymi
Gás	Kaasu
Hidrogênio	Vety
Íon	Ioni
Líquido	Neste
Molécula	Molekyyli
Nuclear	Ydin
Orgânico	Orgaaninen
Oxigénio	Happi
Peso	Paino
Sal	Suola
Temperatura	Lämpötila

Restaurante # 2

Ravintola nro 2

Almoço	Lounas
Aperitivo	Alkupala
Água	Vesi
Bebida	Juoma
Bolo	Kakku
Cadeira	Tuoli
Colher	Lusikka
Delicioso	Herkullinen
Especiarias	Mausteet
Fruta	Hedelmä
Garçom	Tarjoilija
Garfo	Haarukka
Gelo	Jään
Jantar	Illallinen
Legumes	Vihannes
Macarrão	Nuudelit
Peixe	Kala
Sal	Suola
Salada	Salaatti
Sopa	Suppe

Restaurante #1

Ravintola nro 1

Alergia	Allergia
Café	Kahvi
Carne	Liha
Comer	Syödä
Cozinha	Keittiö
Faca	Veitsi
Frango	Kana
Garçonete	Tarjoilija
Guardanapo	Lautasliina
Ingredientes	Aine
Menu	Valikko
Molho	Kastike
Pão	Leipä
Picante	Mausteinen
Placa	Levy
Reserva	Varaus
Sobremesa	Jälkiruoka
Tigela	Kulho

Roupas
Vaatteensa

Avental	Esiliina
Blusa	Pusero
Calça	Housut
Camisa	Paita
Chapéu	Hattu
Cinto	Vyö
Colar	Kaulakoru
Jaqueta	Takki
Jeans	Farkut
Lenço	Huivi
Luvas	Käsineet
Meias	Sukat
Moda	Muoti
Pijama	Pyjama
Pulseira	Armbånd
Saia	Hame
Sandálias	Sandaalit
Sapato	Kenkä
Suéter	Villapaita
Vestido	Mekko

Saúde e Bem-Estar #1
Terveys ja Hyvinvointi #1

Altura	Korkeus
Ativo	Aktiivinen
Bactérias	Bakteerit
Clínica	Klinikka
Doutor	Lääkäri
Farmácia	Apteekki
Fome	Nälkä
Fratura	Murtuma
Hábito	Tottumus
Medicina	Lääke
Músculos	Lihakset
Nervos	Hermot
Ossos	Luut
Pele	Iho
Postura	Ryhti
Reflexo	Refleksi
Relaxamento	Rentoutuminen
Terapia	Terapia
Tratamento	Hoito
Vírus	Virus

Saúde e Bem-Estar #2
Terveys ja Hyvinvointi #2

Alergia	Allergia
Anatomia	Anatomia
Apetite	Ruokahalu
Caloria	Kalori
Corpo	Keho
Dieta	Ruokavalio
Digestão	Ruoansulatus
Doença	Sairaus
Energia	Energia
Genética	Genetiikka
Higiene	Hygienia
Hospital	Sairaala
Humor	Mieliala
Infecção	Infektio
Massagem	Hieronta
Peso	Paino
Recuperação	Elpyminen
Sangue	Veri
Saudável	Terve
Vitamina	Vitamiini

Tecnologia
Teknologia

Arquivo	Tiedosto
Blog	Blogi
Bytes	Tavua
Câmera	Kamera
Computador	Tietokone
Cursor	Kursori
Dados	Tiedot
Digital	Digitaalinen
Estatísticas	Tilastot
Fonte	Fontti
Internet	Internet
Mensagem	Viesti
Navegador	Selain
Pesquisa	Tutkimus
Segurança	Turvallisuus
Software	Ohjelmisto
Tela	Näyttö
Virtual	Virtuaalinen
Vírus	Virus

Tempo
Aika

Agora	Nyt
Ano	Vuosi
Antes	Ennen
Calendário	Kalenteri
Década	Vuosikymmen
Dia	Päivä
Futuro	Tulevaisuus
Hoje	Tänään
Hora	Tunnin
Manhã	Aamu
Meio-Dia	Keskipäivä
Mês	Kuukausi
Minuto	Minuutti
Momento	Hetki
Noite	Yö
Ontem	Eilen
Passado	Viime
Relógio	Kello
Semana	Viikko
Século	Vuosisata

Tipos de Cabelo
Hiusten Tyypit

Branco	Valkoinen
Brilhante	Kiiltävä
Cachos	Kiharat
Careca	Kalju
Cinza	Harmaa
Colori	Värillinen
Encaracolado	Kihara
Fino	Ohut
Grosso	Paksu
Loiro	Vaalea
Longo	Pitkä
Marrom	Ruskea
Ondulado	Aaltoileva
Prata	Hopea
Preto	Musta
Saudável	Terve
Seco	Kuiva
Suave	Pehmeä
Trançado	Punottu
Tranças	Punos

Universo
Maailmankaikkeus

Asteróide	Asteroidi
Astronomia	Tähtitiede
Atmosfera	Ilmainen
Celestial	Taivaallinen
Céu	Taivas
Cósmico	Kosminen
Eon	Eon
Equador	Päiväntasaaja
Galáxia	Galaksi
Hemisfério	Halvkule
Horizonte	Horisontti
Inclinar	Kallistaa
Latitude	Leveysaste
Longitude	Pituusaste
Lua	Kuu
Solar	Aurinko
Solstício	Päivänseisaus
Telescópio	Kaukoputki
Visível	Näkyvä
Zodíaco	Zodiakki

Vegetais
Vihannekset

Abóbora	Kurpitsa
Aipo	Selleri
Alcachofra	Artisokka
Alho	Valkosipuli
Batata	Peruna
Beringela	Munakoiso
Brócolis	Parsakaali
Cebola	Sipuli
Cenoura	Porkkana
Chalota	Salottisipuli
Cogumelo	Sieni
Ervilha	Herne
Espinafre	Pinaatti
Gengibre	Inkivääri
Nabo	Nauris
Pepino	Kurkku
Rabanete	Retiisi
Salada	Salaatti
Salsa	Persilja
Tomate	Tomaatti

Veículos
Ajoneuvot

Ambulância	Ambulanssi
Avião	Lentokone
Balsa	Lautta
Barco	Vene
Bicicleta	Polkupyörä
Caminhão	Kuka
Carro	Auto
Foguete	Raketti
Furgão	Varebil
Helicóptero	Helikopteri
Lambreta	Scooter
Metrô	Metro
Motor	Moottori
Ônibus	Bussi
Pneus	Renkaat
Submarino	Sukellusvene
Táxi	Taksi
Transporte	Sukkula
Trator	Traktori

Xadrez
Shakki

Aprender	Oppia
Branco	Valkoinen
Campeão	Mestari
Concurso	Kilpailu
Desafios	Haasteet
Diagonal	Diagonaalinen
Estratégia	Strategia
Jogador	Pelaaja
Jogo	Peli
Oponente	Vastustaja
Passivo	Passiivinen
Preto	Musta
Rainha	Kuningatar
Regras	Säännöt
Rei	Kuningas
Sacrifício	Uhrata
Tempo	Aika
Torneio	Turnaus

Parabéns

Conseguiu!

Esperamos que tenha gostado tanto deste livro como nós gostamos de o desenhar. Esforçamo-nos por criar livros da mais alta qualidade possível.
Esta edição foi concebida para proporcionar uma aprendizagem inteligente, de qualidade e divertida!

Gostou deste livro?

Um simples pedido

Estes livros existem graças às críticas que publica.
Pode ajudar-nos, deixando agora uma revisão?

Aqui está um pequeno link para
a sua página de revisão:

BestBooksActivity.com/Avaliacoes50

DESAFIO FINAL!

Desafio n° 1

Está pronto para o seu jogo grátis? Usamo-los a toda a hora, mas não são tão fáceis de encontrar - aqui estão os **Sinônimos!**
Escreva 5 palavras que encontrou nos puzzles (n° 21, n° 36, n° 76) e tente encontrar 2 sinónimos para cada palavra.

Escreva 5 palavras de ***Puzzle 21***

Palavras	Sinônimo 1	Sinônimo 2

Escreva 5 palavras de ***Puzzle 36***

Palavras	Sinônimo 1	Sinônimo 2

Escreva 5 palavras de ***Puzzle 76***

Palavras	Sinônimo 1	Sinônimo 2

Desafio n° 2

Agora que já aqueceu, escreva 5 palavras que encontrou nos Puzzles (n° 9, n° 17 e n° 25) e tente encontrar 2 antônimos para cada palavra. Quantos se podem encontrar em 20 minutos?

*Escreva 5 palavras de **Puzzle 9***

Palavras	Antônimo 1	Antônimo 2

*Escreva 5 palavras de **Puzzle 17***

Palavras	Antônimo 1	Antônimo 2

*Escreva 5 palavras de **Puzzle 25***

Palavras	Antônimo 1	Antônimo 2

Desafio n° 3

Óptimo! Este desafio final 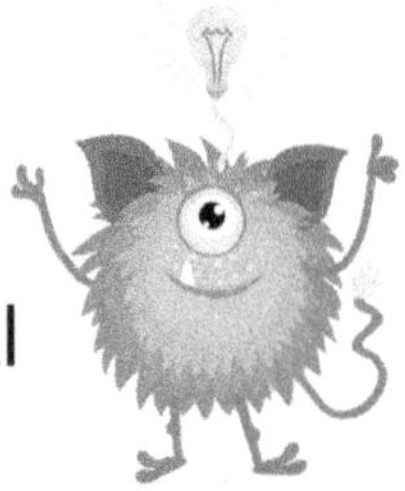 não é nada para si.

Pronto para o desafio final? Escolha 10 palavras que tenha descoberto nos diferentes puzzles e escreva-as abaixo.

1.	6.
2.	7.
3.	8.
4.	9.
5.	10.

Agora escreva um texto a pensar numa pessoa, num animal ou num lugar de seu agrado.

Pode utilizar a última página deste livro como um rascunho.

A Sua Composição:

CADERNO DE NOTAS:

ATÉ BREVE!

A equipa Inteira

www.ingramcontent.com/pod-product-compliance
Lightning Source LLC
Chambersburg PA
CBHW082212120626
46553CB00010B/3120
9798896703273